成语接龙游戏

王为 主编

北京工艺美术出版社

图书在版编目（CIP）数据

成语接龙游戏/王为主编. — 北京：北京工艺美术出版社，2018.6

ISBN 978-7-5140-1319-1

Ⅰ.①成… Ⅱ.①王… Ⅲ.①汉语-成语-少儿读物 Ⅳ.①H136.3-49

中国版本图书馆CIP数据核字（2017）第165456号

出 版 人：陈高潮
责任编辑：陈宗贵
装帧设计：子 时
责任印制：宋朝晖

成语接龙游戏

王 为 主编

出 版	北京工艺美术出版社	
发 行	北京美联京工图书有限公司	
地 址	北京市朝阳区化工路甲18号	
	中国北京出版创意产业基地先导区	
邮 编	100124	
电 话	(010) 84255105（总编室）	
	(010) 64283627（编辑室）	
	(010) 64280045（发 行）	
传 真	(010) 64280045/84255105	
网 址	www.gmcbs.cn	
经 销	全国新华书店	
印 刷	北京中振源印务有限公司	
开 本	720毫米×1020毫米 1/16	
印 张	21	
版 次	2018年6月第1版	
印 次	2018年6月第1次印刷	
印 数	1～5000	
书 号	ISBN 978-7-5140-1319-1	
定 价	56.00元	

前言

　　成语主要来源于历史故事、寓言故事、古代神话故事、民间故事、谚语俗语、史实逸闻以及诗词曲赋等，同时包含了政治、经济、军事、外交、科学、文化等许多方面的知识，是历史的沉淀以及几千年文化的结晶，它看似简单，实际却形象生动，具有高度的智慧和思想内涵。了解成语的故事和历史背景，是体悟历史、感受文明、传承智慧的重要途径。

　　成语接龙是一种以游戏形式帮助孩子记忆成语的学习方式，蕴含极强的趣味性和知识性，能够在短时间内帮助孩子迅速记忆大量成语，了解成语含义，并达到熟练运用的目的。

　　对于孩子来说，成语是一座桥梁，孩子们可以通过学习和掌握它提高自己的语言表达能力，在极短的时间开阔视野，做到博闻强识、满腹经纶。本书从人们常用、常见的成语精心选取，注重经典性、哲理性、时代性、实用性、趣味性等特点，以接龙的方式进行串联，配以精炼的文字、精准的诠释，针对重点成语进行历史典故的讲解，并配有激发想象力的插图，使成语与成语、成语与典故有机结合。

在内容上，本书以准确为基础，成语内容精确，让孩子通过全面、简练的文字，多角度、全方位真实感受中华成语的巨大魅力。

在版式上主要有"成语接龙""成语释义""故事链接"三大板块，在这三大板块中，又在后面穿插了关于成语填空、连线或者判断对错的有趣的拓展栏目，通过玩接龙、读故事、做游戏等形式，激发青少年对成语的热情，让他们从此爱上中国传统文化，精通成语应用。

在趣味中学习，在快乐中记忆，让孩子不必羡慕别人妙语连珠，也不必羡慕别人妙笔生花，通过成语接龙游戏，他们完全可以更扎实、更轻松、多角度地学习和掌握全面的成语知识。

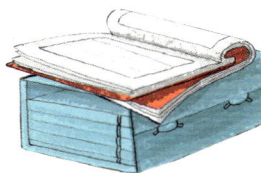

目录

成语接龙游戏

成语接龙 140

下不为例→例行公事→事半功倍→倍日并行→行云流水→水滴石穿→穿壁引光→光明正大→大材小用→用心良苦→苦口婆心→心花怒放→放浪形骸→骇人听闻→闻一知十→十年树木，百年树人

成语接龙 146

人言可畏→畏首畏尾→尾大不掉→掉以轻心→心口如一→一毛不拔→拔苗助长→长歌当哭→哭天抹泪→泪如雨下→下笔千言→言不由衷→中流砥柱→柱石之坚→坚甲利刃→刃迎缕解

成语接龙 152

解弦更张→张冠李戴→戴罪立功→功成身退→退避三舍→舍己为人→人鼠之叹→叹为观止→止于至善→善人义士→士别三日→日新月异→异口同声→声罪致讨→讨价还价→价值连城

成语接龙 157

城门失火，殃及池鱼→鱼死网破→破釜沉舟→舟中敌国→国无宁日→日以继夜→夜郎自大→大智若愚→愚公移山→山盟海誓→誓不罢休→休戚相关→关怀备至→至高无上→上善若水→水底捞月

成语接龙 163

月明如水→水落石出→出生入死→死灰复燃→燃眉之急→急流勇退→退位让贤→贤否不明→明镜高悬→悬梁刺股→股肱之臣→臣心如水→水涨船高→高不可攀→攀龙附凤→凤毛麟角

成语接龙 168

角弓反张→张大其事→事倍功半
→半推半就→就实论虚→虚怀若
谷→古往今来→来日方长→长年
累月→月白风清→清心寡欲→欲
擒故纵→纵横交错→错综复杂→
杂沓而至→至死不渝

成语接龙 173

逾规越矩→矩步方行→行不知往
→往者不追→追名逐利→利令智
昏→昏天暗地→地老天荒→荒诞
不经→经久不息→息事宁人→人
才辈出→出其不意→意气用事→
事过境迁→迁怒于人

成语接龙 178

人迹罕至→至理名言→言必信，
行必果→果不其然→然然可可→
可歌可泣→泣不成声→声泪俱下
→下里巴人→人多势众→众口铄
金→金屋藏娇→娇生惯养→养精
蓄锐→锐不可当→当务之急

成语接龙 183

急中生智→智勇双全→全力以赴
→赴汤蹈火→火上浇油→油尽灯
枯→枯木逢春→春风化雨→雨过
天青→青出于蓝→蓝田生玉→玉
树临风→风声鹤唳→厉兵秣马
→马齿徒增→增砖添瓦

成语接龙 189

瓦釜雷鸣→鸣冤叫屈→屈身辱志
→志同道合→合情合理→理直气
壮→壮志凌云→云集响应→应劫
而生→生死存亡→亡命之徒→徒
劳无功→功成名就→就地正法
→法不责众→众目所归

成语释义 190
故事链接

成语接龙 194

归心似箭→箭不虚发→发号施令
→令人发指→指手画脚→脚踏实
地→地利人和→和睦相处→处变
不惊→惊弓之鸟→鸟语花香→香
草美人→人小鬼大→大同小异
→异想天开→开诚布公

成语释义 195
故事链接

成语接龙 200

公正廉明→明日黄花→花言巧语
→语重心长→长久之计→计上心
头→头头是道→道尽途穷→穷途
末路→路不拾遗→遗臭万年→年
幼无知→知人善任→任劳任怨
→怨天尤人→人浮于事

成语释义 201
故事链接

成语接龙 205

事无巨细→细水长流→流言蜚语
→语惊四座→座无虚席→席地而
坐→坐井观天→天经地义→义薄
云天→天下为公→公而忘私→私
心杂念→念念不忘→忘其所以
→以一当十→十死一生

成语释义 206
故事链接

成语接龙 210

生死之交→交头接耳→耳闻目睹
→睹物思人→人之常情→情有独
钟→钟鸣鼎食→食不果腹→腹背
之患→患难之交→交浅言深→深
居简出→出奇制胜→胜利在望
→望穿秋水→水深火热

成语释义 211
故事链接

成语接龙 217

热火朝天→天壤之别→别有用心→心旷神怡→怡然自得→得不偿失→失声痛哭→哭天喊地→地大物博→博大精深→深恶痛绝→绝处逢生→生死相依→依然如故→故弄玄虚→虚张声势

成语释义 218
故事链接

得不偿失 220

虚张声势 220

成语接龙 222

势不两立→立身处世→世外桃源→源远流长→长治久安→安之若素→素昧平生→生杀予夺→夺门而出→出人意料→料事如神→神气十足→足不出户→户限为穿→穿凿附会→会心一笑

成语释义 223
故事链接

料事如神 225

户限为穿 225

成语接龙 227

笑逐颜开→开门见山→山明水秀→秀外慧中→中庸之道→道路以目→目无全牛→牛鬼蛇神→神态自若→若无其事→事在人为→为富不仁→仁义道德→德才兼备→备尝辛苦→苦中作乐

成语释义 228
故事链接

目无全牛 230

道路以目 231

成语接龙 233

乐不思蜀→蜀犬吠日→日复一日→日薄西山→山高水低→低声下气→气息奄奄→奄奄一息→息息相关→关门大吉→吉星高照→照猫画虎→虎视眈眈→眈眈相向→向壁虚造→造谣生事

成语释义 234
故事链接

乐不思蜀 236

蜀犬吠日 237

成语接龙 238

事不宜迟→迟疑不决→决一雌雄→雄才大略→略见一斑→斑驳陆离→离心离德→德薄才疏→疏不间亲→亲痛仇快→快犊破车→车马盈门→门庭若市→市井小人→人心不古→古为今用

成语释义 239
故事链接

门庭若市 241

人心不古 242

成语接龙　243

用武之地→地广人稀→稀世之宝→宝山空回→回肠荡气→气象万千→千里之行，始于足下→下车伊始→始终如一→一步登天→天各一方→方寸大乱→乱世英雄→雄心勃勃→勃然大怒

成语释义　244
故事链接

用武之地　246

千里之行，始于足下　247

成语接龙　249

怒目而视→视而不见→见多识广→广开言路→路遥知马力，日久见人心→心如铁石→石破天惊→惊慌失措→措手不及→及时行乐→乐不可支→支离破碎→碎琼乱玉→玉貌花容→容光焕发

成语释义　250
故事链接

广开言路　252

乐不可支　253

成语接龙　255

发愤忘食→食言而肥→肥头大耳→耳提面命→命若悬丝→丝丝入扣→扣人心弦→弦外之意→意味深长→长驱直入→入土为安→安土重迁→迁客骚人→人去楼空→空谷足音→音容宛在

成语释义　256
故事链接

弦外之意　258

长驱直入　259

成语接龙　261

在所不惜→惜墨如金→金戈铁马→马首是瞻→瞻前顾后→后来居上→上下其手→手到擒来→来历不明→明哲保身→身经百战→战火纷飞→飞沙走石→石沉大海→海外奇谈→谈笑自若

成语释义　262
故事链接

马首是瞻　264

明哲保身　265

成语接龙　267

若明若暗→暗无天日→日理万机→机不可失→失而复得→得天独厚→厚古薄今→今是昨非→非同儿戏→戏如人生→生不逢时→时不我待→待人接物→物竞天择→择善而从→从善如流

成语释义　268
故事链接

暗无天日　270

从善如流　271

成语接龙 272

流芳百世→世态人情→情景交融→融会贯通→通风报信→信口开河→河倾月落→落井下石→石火光阴→阴错阳差→差强人意→意气相投→投机取巧→巧言令色→色厉内荏→荏苒日月

成语接龙 277

月章星句→句斟字酌→酌水知源→源源不断→断章取义→义不容辞→辞旧迎新→新仇旧恨→恨铁不成钢→钢筋铁骨→骨肉相连→连中三元→元龙高卧→卧薪尝胆→胆大包天→天荒地老

成语接龙 283

老泪纵横→横眉怒目→目中无人→人面桃花→花红柳绿→绿叶成阴→阴谋诡计→计日程功→功成不居→居功自傲→傲然屹立→立功赎罪→罪魁祸首→首尾呼应→应答如流→流年不利

成语接龙 289

利欲熏心→心术不正→正中下怀→怀真抱素→素不相识→识微知著→著书立说→说一不二→二龙戏珠→珠光宝气→气充志骄→骄兵必败→败国丧家→家破人亡→亡国之音→音信杳无

成语接龙 294

无微不至→至善至美→美玉无瑕→瑕瑜互见→见仁见智→智者千虑，必有一失→失之交臂→臂有四肘→肘腋之患→患难与共→共商国是→是非分明→明珠暗投→投石下井→井底之蛙

成语一条龙

一字千金 → 金枝玉叶 → 叶公好龙 → 龙马精神 →

神采飞扬 → 扬眉吐气 → 气壮山河 → 河汾门下 →

下笔成章 → 章句之徒 → 徒有虚名 → 名落孙山 →

山穷水尽 → 尽人皆知 → 知行合一 → 一柱擎天 →

天高气爽 → 爽然若失 → 失道寡助 → 助人为乐 →

乐极生悲 → 悲喜交集 → 集思广益 → 益国利民 →

民穷财尽 → 尽心竭力 → 力不从心 → 心猿意马 →

马到成功 → 功败垂成 → 成家立业 → 业精于勤 →

勤俭持家 → 家徒四壁 → 壁立千尺 → 尺幅千里 →

里出外进 → 进退两难 → 难以置信 → 信誓旦旦 →

旦夕祸福 → 福至心灵 → 灵机巧变 → 变化无穷 →

穷凶极恶 → 恶贯满盈 → 蝇营狗苟 → 苟且偷生 →

生花妙笔 → 笔走龙蛇 → 蛇口蜂针 → 针锋相对 →

对牛弹琴 → 琴心剑胆 → 胆大如斗 → 斗转星移 →

移花接木 → 木人石心 → 心灵手巧 → 巧立名目 →

目瞪口呆 → 呆若木鸡 → 鸡鸣狗盗 → 盗亦有道 →

道貌岸然 → 然获读书 → 书香铜臭 → 臭味相投 →

投其所好 → 好为人师 → 师出无名 → 名震一时 →

时来运转 → 转祸为福 → 福地洞天 → 天马行空 →

空穴来风 → 风马牛不相及 → 及门之士 →

士为知己者死 → 死不瞑目 → 目不识丁 →

丁一卯二 → 二姓之好 → 好高骛远 → 远近闻名 →

名不副实 → 实获我心 → 心腹之患 → 患得患失 →

失之毫厘，谬以千里 → 里应外合 → 合理合法 →

法其遗志 → 志大才疏 → 疏忽职守 → 守株待兔 →

兔死狐悲 → 悲天悯人 → 人人自危 → 危急存亡 →

亡猿祸木 → 木朽不雕 → 雕虫小技 → 技艺高超 →

超然物外 → 外强中干 → 干戈四起 → 起死回生 →

生离死别 → 别具一格 → 格格不入 → 入木三分 →

分秒必争 → 争先恐后 → 后顾之忧 → 忧心如焚 →

焚琴煮鹤 → 鹤立鸡群 → 群龙无首 → 首屈一指

指鹿为马 → 马革裹尸 → 尸位素餐 → 餐风宿露 →

露胆披肝 → 肝胆相照 → 照功行赏 → 赏心悦目 →

目不暇接 → 接二连三 → 三缄其口 → 口不择言 →

言而无信 → 信口雌黄 → 黄粱一梦 → 梦寐以求 →

求之不得 → 得寸进尺 → 尺蠖之屈 → 屈指可数 →

数一数二 → 二桃杀三士 → 士饱马腾 →

腾蛟起凤 → 凤鸣朝阳 → 阳关大道 → 道听途说 →

说三道四 → 四面楚歌 → 歌舞升平 → 平心静气 →

气喘如牛 → 牛郎织女 → 女中丈夫 → 夫唱妇随 →

随波逐流 → 流离失所 → 所向披靡 → 靡靡之音 →

音容笑貌 → 貌合神离 → 离群索居 → 居安思危 →

危言耸听 → 听而不闻 → 闻风丧胆 → 胆小如豆 →

豆蔻年华 → 华而不实 → 实事求是 → 是非曲直 →

直言不讳 → 讳莫如深 → 深仇大恨 → 恨之入骨 →

骨瘦形销 → 销声匿影 → 影影绰绰 → 绰绰有余 →

余桃啖君 → 君子之交淡如水 → 水到渠成

成千上万 ➡ 万事俱备，只欠东风 ➡ 风花雪月 ➡

月黑风高 ➡ 高枕无忧 ➡ 忧国忧民 ➡ 民不聊生 ➡

生龙活虎 ➡ 虎虎生风 ➡ 风门水口 ➡ 口若悬河 ➡

河山之德 ➡ 德輶如羽 ➡ 羽毛未丰 ➡ 丰衣足食 ➡

食古不化 ➡ 化及豚鱼 ➡ 鱼目混珠 ➡ 珠联璧合 ➡

和盘托出 ➡ 出口成章 ➡ 章台杨柳 ➡ 柳暗花明 ➡

明辨是非 ➡ 非同小可 ➡ 可想而知 ➡ 知法犯法 ➡

法外施仁 ➡ 仁至义尽 ➡ 尽善尽美 ➡ 美中不足 ➡

足智多谋 ➡ 谋财害命 ➡ 命辞遣意 ➡ 意气风发 ➡

发扬光大 ➡ 大步流星 ➡ 星罗棋布 ➡ 不耻下问 ➡

问舍求田 ➡ 田夫野老 ➡ 老马识途 ➡ 途穷日暮 ➡

暮鼓晨钟 ➡ 钟鼓馔玉 ➡ 玉碎珠沉 ➡ 沉默寡言 ➡

言听计从 ➡ 从容自如 ➡ 如履薄冰 ➡ 冰清玉洁 ➡

洁身自好 ➡ 好大喜功 ➡ 功德无量 ➡ 量力而行 ➡

行将就木 ➡ 木心石腹 ➡ 腹有鳞甲 ➡ 甲第星罗 ➡

罗雀掘鼠 ➡ 鼠目寸光 ➡ 光怪陆离 ➡ 离乡背井 ➡

井蛙之见 → 见利忘义 → 一鸣惊人 → 人定胜天 →

天真烂漫 → 漫不经心 → 心荡神摇 → 摇笔即来 →

来者不拒 → 拒人于千里之外 → 外柔内刚 →

刚正不阿 → 阿谀逢迎 → 迎刃而理 → 理所当然 →

然糠照薪 → 薪尽火灭 → 灭门绝户 → 户枢不朽 →

朽木不雕 → 雕虫篆刻 → 刻不容缓 → 缓兵之计 →

计深虑远 → 远见卓识 → 识才尊贤 → 贤良方正 →

正襟危坐 → 坐视不救 → 救亡图存 →

存十一于千百 → 百折不屈 → 屈打成招 →

招财进宝 → 宝刀不老 → 老大无成 → 成竹在胸 →

胸怀大志 → 志士仁人 → 人云亦云 → 云霞满纸 →

纸上谈兵 → 兵微将寡 → 寡不敌众 → 众志成城 →

城北徐公 → 公私兼顾 → 顾后瞻前 → 前所未闻 →

闻鸡起舞 → 舞文弄墨 → 墨守成规 → 规行矩步 →

步步为营 → 营蝇斐锦 → 锦绣前程 → 程门立雪 →

雪案萤灯 → 灯红酒绿 → 绿惨红愁 → 愁肠九转 →

转危为安 → 安步当车 → 车水马龙 → 龙蛇飞动 →

动辄得咎 → 咎由自取 → 取法乎上，仅得其中 →

中原逐鹿 → 鹿死谁手 → 手疾眼快 → 快马加鞭 →

鞭辟入里 → 里通外国 → 国破家亡 → 亡羊补牢 →

牢不可破 → 破涕为笑 → 笑里藏刀 → 刀山火海 →

海阔天空 → 空前绝后 → 后生可畏 → 畏缩不前 →

前车之鉴 → 鉴影度形 → 形单影只 → 只言片语 →

语不惊人 → 人以群分 → 分道扬镳 → 彪炳千秋 →

秋毫无犯 → 犯颜直谏 → 谏争如流 → 流连忘返 →

返老还童 → 童颜鹤发 → 发愤图强 → 强词夺理 →

理屈词穷 → 穷形尽相 → 相濡以沫 → 莫名其妙 →

妙手回春 → 春风得意 → 意犹未尽 → 尽力而为 →

为人师表 → 表里如一 → 一字之师 → 师出有名 →

名列前茅 → 茅塞顿开 → 开宗明义 → 义无反顾 →

顾名思义 → 义正词严 → 严阵以待 → 待价而沽 →

沽名钓誉 → 誉满天下 → 下不为例 → 例行公事 →

事半功倍 → 倍日并行 → 行云流水 → 水滴石穿 →

穿壁引光 → 光明正大 → 大材小用 → 用心良苦 →

苦口婆心 → 心花怒放 → 放浪形骸 → 骇人听闻 →

闻一知十 → 十年树木，百年树人 → 人言可畏 →

畏首畏尾 → 尾大不掉 → 掉以轻心 → 心口如一 →

一毛不拔 → 拔苗助长 → 长歌当哭 → 哭天抹泪 →

泪如雨下 → 下笔千言 → 言不由衷 → 中流砥柱 →

柱石之坚 → 坚甲利刃 → 刃迎缕解 → 解弦更张 →

张冠李戴 → 戴罪立功 → 功成身退 → 退避三舍 →

舍己为人 → 人鼠之叹 → 叹为观止 → 止于至善 →

善人义士 → 士别三日 → 日新月异 → 异口同声 →

声罪致讨 → 讨价还价 → 价值连城 →

城门失火，殃及池鱼 → 鱼死网破 → 破釜沉舟 →

舟中敌国 → 国无宁日 → 日以继夜 → 夜郎自大 →

大智若愚 → 愚公移山 → 山盟海誓 → 誓不罢休 →

休戚相关 → 关怀备至 → 至高无上 → 上善若水

水底捞月 ➡ 月明如水 ➡ 水落石出 ➡ 出生入死 ➡

死灰复燃 ➡ 燃眉之急 ➡ 急流勇退 ➡ 退位让贤 ➡

贤否不明 ➡ 明镜高悬 ➡ 悬梁刺股 ➡ 股肱之臣 ➡

臣心如水 ➡ 水涨船高 ➡ 高不可攀 ➡ 攀龙附凤 ➡

凤毛麟角 ➡ 角弓反张 ➡ 张大其事 ➡ 事倍功半 ➡

半推半就 ➡ 就实论虚 ➡ 虚怀若谷 ➡ 古往今来 ➡

来日方长 ➡ 长年累月 ➡ 月白风清 ➡ 清心寡欲 ➡

欲擒故纵 ➡ 纵横交错 ➡ 错综复杂 ➡ 杂沓而至 ➡

至死不渝 ➡ 逾规越矩 ➡ 矩步方行 ➡ 行不知往 ➡

往者不追 ➡ 追名逐利 ➡ 利令智昏 ➡ 昏天暗地 ➡

地老天荒 ➡ 荒诞不经 ➡ 经久不息 ➡ 息事宁人 ➡

人才辈出 ➡ 出其不意 ➡ 意气用事 ➡ 事过境迁 ➡

迁怒于人 ➡ 人迹罕至 ➡ 至理名言 ➡

言必信，行必果 ➡ 果不其然 ➡ 然然可可 ➡

可歌可泣 ➡ 泣不成声 ➡ 声泪俱下 ➡ 下里巴人 ➡

人多势众 ➡ 众口铄金 ➡ 金屋藏娇 ➡ 娇生惯养 ➡

养精蓄锐 → 锐不可当 → 当务之急 → 急中生智 →

智勇双全 → 全力以赴 → 赴汤蹈火 → 火上浇油 →

油尽灯枯 → 枯木逢春 → 春风化雨 → 雨过天青 →

青出于蓝 → 蓝田生玉 → 玉树临风 → 风声鹤唳 →

厉兵秣马 → 马齿徒增 → 增砖添瓦 → 瓦釜雷鸣 →

鸣冤叫屈 → 屈身辱志 → 志同道合 → 合情合理 →

理直气壮 → 壮志凌云 → 云集响应 → 应劫而生 →

生死存亡 → 亡命之徒 → 徒劳无功 → 功成名就 →

就地正法 → 法不责众 → 众目所归 → 归心似箭 →

箭不虚发 → 发号施令 → 令人发指 → 指手画脚 →

脚踏实地 → 地利人和 → 和睦相处 → 处变不惊 →

惊弓之鸟 → 鸟语花香 → 香草美人 → 人小鬼大 →

大同小异 → 异想天开 → 开诚布公 → 公正廉明 →

明日黄花 → 花言巧语 → 语重心长 → 长久之计 →

计上心头 → 头头是道 → 道尽途穷 → 穷途末路 →

路不拾遗 → 遗臭万年 → 年幼无知 → 知人善任 →

任劳任怨 → 怨天尤人 → 人浮于事 → 事无巨细 →

细水长流 → 流言蜚语 → 语惊四座 → 座无虚席 →

席地而坐 → 坐井观天 → 天经地义 → 义薄云天 →

天下为公 → 公而忘私 → 私心杂念 → 念念不忘 →

忘其所以 → 以一当十 → 十死一生 → 生死之交 →

交头接耳 → 耳闻目睹 → 睹物思人 → 人之常情 →

情有独钟 → 钟鸣鼎食 → 食不果腹 → 腹背之患 →

患难之交 → 交浅言深 → 深居简出 → 出奇制胜 →

胜利在望 → 望穿秋水 → 水深火热 → 热火朝天 →

天壤之别 → 别有用心 → 心旷神怡 → 怡然自得 →

得不偿失 → 失声痛哭 → 哭天喊地 → 地大物博 →

博大精深 → 深恶痛绝 → 绝处逢生 → 生死相依 →

依然如故 → 故弄玄虚 → 虚张声势 → 势不两立 →

立身处世 → 世外桃源 → 源远流长 → 长治久安 →

安之若素 → 素昧平生 → 生杀予夺 → 夺门而出 →

出人意料 → 料事如神 → 神气十足 → 足不出户

户限为穿 → 穿凿附会 → 会心一笑 → 笑逐颜开 →

开门见山 → 山明水秀 → 秀外慧中 → 中庸之道 →

道路以目 → 目无全牛 → 牛鬼蛇神 → 神态自若 →

若无其事 → 事在人为 → 为富不仁 → 仁义道德 →

德才兼备 → 备尝辛苦 → 苦中作乐 → 乐不思蜀 →

蜀犬吠日 → 日复一日 → 日薄西山 → 山高水低 →

低声下气 → 气息奄奄 → 奄奄一息 → 息息相关 →

关门大吉 → 吉星高照 → 照猫画虎 → 虎视眈眈 →

眈眈相向 → 向壁虚造 → 造谣生事 → 事不宜迟 →

迟疑不决 → 决一雌雄 → 雄才大略 → 略见一斑 →

斑驳陆离 → 离心离德 → 德薄才疏 → 疏不间亲 →

亲痛仇快 → 快犊破车 → 车马盈门 → 门庭若市 →

市井小人 → 人心不古 → 古为今用 → 用武之地 →

地广人稀 → 稀世之宝 → 宝山空回 → 回肠荡气 →

气象万千 → 千里之行，始于足下 → 下车伊始 →

始终如一 → 一步登天 → 天各一方 → 方寸大乱

乱世英雄 → 雄心勃勃 → 勃然大怒 → 怒目而视 →

视而不见 → 见多识广 → 广开言路 →

路遥知马力，日久见人心 → 心如铁石 →

石破天惊 → 惊慌失措 → 措手不及 → 及时行乐 →

乐不可支 → 支离破碎 → 碎琼乱玉 → 玉貌花容 →

容光焕发 → 发愤忘食 → 食言而肥 → 肥头大耳 →

耳提面命 → 命若悬丝 → 丝丝入扣 → 扣人心弦 →

弦外之意 → 意味深长 → 长驱直入 → 入土为安 →

安土重迁 → 迁客骚人 → 人去楼空 → 空谷足音 →

音容宛在 → 在所不惜 → 惜墨如金 → 金戈铁马 →

马首是瞻 → 瞻前顾后 → 后来居上 → 上下其手 →

手到擒来 → 来历不明 → 明哲保身 → 身经百战 →

战火纷飞 → 飞沙走石 → 石沉大海 → 海外奇谈 →

谈笑自若 → 若明若暗 → 暗无天日 → 日理万机 →

机不可失 → 失而复得 → 得天独厚 → 厚古薄今 →

今是昨非 → 非同儿戏 → 戏如人生 → 生不逢时 →

时不我待 → 待人接物 → 物竞天择 → 择善而从 →

从善如流 → 流芳百世 → 世态人情 → 情景交融 →

融会贯通 → 通风报信 → 信口开河 → 河倾月落 →

落井下石 → 石火光阴 → 阴错阳差 → 差强人意 →

意气相投 → 投机取巧 → 巧言令色 → 色厉内荏 →

荏苒日月 → 月章星句 → 句斟字酌 → 酌水知源 →

源源不断 → 断章取义 → 义不容辞 → 辞旧迎新 →

新仇旧恨 → 恨铁不成钢 → 钢筋铁骨 →

骨肉相连 → 连中三元 → 元龙高卧 → 卧薪尝胆 →

胆大包天 → 天荒地老 → 老泪纵横 → 横眉怒目 →

目中无人 → 人面桃花 → 花红柳绿 → 绿叶成阴 →

阴谋诡计 → 计日程功 → 功成不居 → 居功自傲 →

傲然屹立 → 立功赎罪 → 罪魁祸首 → 首尾呼应 →

应答如流 → 流年不利 → 利欲熏心 → 心术不正 →

正中下怀 → 怀真抱素 → 素不相识 → 识微知著 →

著书立说 → 说一不二 → 二龙戏珠 → 珠光宝气

气充志骄 ➡ 骄兵必败 ➡ 败国丧家 ➡ 家破人亡 ➡

亡国之音 ➡ 音信杳无 ➡ 无微不至 ➡ 至善至美 ➡

美玉无瑕 ➡ 瑕瑜互见 ➡ 见仁见智 ➡

智者千虑，必有一失 ➡ 失之交臂 ➡ 臂有四肘 ➡

肘腋之患 ➡ 患难与共 ➡ 共商国是 ➡ 是非分明 ➡

明珠暗投 ➡ 投石下井 ➡ 井底之蛙 ➡ 蛙鸣蚓叫 ➡

叫苦连天 ➡ 天高地厚 ➡ 厚德载物 ➡ 物极必反 ➡

反败为胜 ➡ 胜败乃兵家常事 ➡ 事在必行 ➡

行有余力 ➡ 力透纸背 ➡ 背信弃义 ➡ 义重恩深 ➡

深入浅出 ➡ 出乖露丑 ➡ 丑态百出 ➡ 出头露面 ➡

面红耳赤 ➡ 赤子之心 ➡ 心平气和 ➡ 和衷共济 ➡

济世救人 ➡ 人尽其才 ➡ 才华横溢 ➡ 溢美之词 ➡

词不达意 ➡ 意在笔先 ➡ 先人后己 ➡

己所不欲，勿施于人 ➡ 人来人往 ➡ 往返徒劳 ➡

劳苦功高 ➡ 高山流水 ➡ 水中捞月 ➡ 月淡风清 ➡

清闲自在 ➡ 在所难免 ➡ 免开尊口 ➡ 口是心非 ➡

非亲非故 ➡ 故地重游 ➡ 游手好闲 ➡ 闲言碎语 ➡

语不惊人死不休 ➡ 休养生息 ➡ 息息相通 ➡

通情达理 ➡ 理所应当

成语接龙

CHENGYU JIELONG

一字千金	金枝玉叶
叶公好龙	龙马精神
神采飞扬	扬眉吐气
气壮山河	河汾门下
下笔成章	章句之徒
徒有虚名	名落孙山
山穷水尽	尽人皆知
知行合一	一柱擎天

成语释义

一字千金 能增减一字，就赏给千金。称誉文辞精妙，不可更改。

金枝玉叶 原形容花木美好嫩弱的枝叶，后指皇亲国戚以及出身高贵的人。

叶公好龙 比喻表面上说爱好某事物，实际上并非如此。

龙马精神 龙马是传说中兼具龙和马形态的生物。比喻人精神旺盛。

神采飞扬 形容一个人兴奋得意、精神焕发的样子。

扬眉吐气 笑时扬起眉毛，吐出怨气。形容摆脱了长期受压状态后高兴痛快的样子。

气壮山河 气：气概；壮：使壮丽。形容气概豪迈，使祖国山河因而更加美丽。

河汾门下 用以比喻名师门下人才济济或人才辈出。

下笔成章 一挥笔就能写成文章。形容文思敏捷。

章句之徒 指不能通达大义而拘泥于辨析书中章句的儒生。

徒有虚名 空有名望。指有名无实。

名落孙山 名字落在榜末孙山的后面。指在考试或选拔中没有被录取。

山穷水尽 山和水都到了尽头。比喻无路可走,陷入绝境。

尽人皆知 尽:全部,所有。人人都知道。

知行合一 指认识事物的道理与实行其事是密不可分的一回事。

一柱擎天 擎:支撑。比喻一个人身负重任,支撑大局。也常用来形容某些人的重要作用。

一字千金

　　吕不韦是战国末期卫国著名商人，后为秦国丞相。他在赵国经商时，不惜散尽千金资助在赵国做人质的秦国王子异人，又辅佐他登上王位，是为庄襄王。秦庄襄王为报答吕不韦的恩德，便封吕不韦为文信侯，后又为丞相。三年后秦庄襄王病故，年幼的太子嬴政被立为王，尊吕不韦为相国，吕不韦开始专断朝政。

　　吕不韦从一个商人摇身一变，成为一人之下、万人之上的显赫人物。朝中的众多官员表面上不敢有异议，但心中总是不服的，人们在私底下议论纷纷。而吕不韦也知道自己政治威望不够高，为此伤透了脑筋，于是召集门客商议对策。

　　有的门客建议吕不韦统兵出征，灭掉几个国家，立下赫赫战功，以此来树立威信。有人立即反对说："这办法有百害无一利，即使把仗打胜了，回来也升不了官，因为没有比丞相更高的职务了。重要的是战争风险太大，谁也没有必胜的把握，万一战争失利，结果会适得其反。"有人说："我们知道孔子的学问很好，那是因为他写了部叫《春秋》的书；孙武能当上吴国的大将，是因为吴王看了他写的《孙子兵法》。我们为什么不能写部书，既能扬名当世，又能垂范后代呢？"

　　吕不韦认为这个办法很好，命令门客立即组织人员撰写。

　　当时养士之风甚盛，有名的战国四公子魏国信陵君、楚国春申君、赵国平原君、齐国孟尝君都养有门客数千人，他们都礼贤下士，结交宾客，并在这方面要争个高低上下。吕不韦也养了三千门客，作为他的智囊团，想出种种办法来巩固他的地位。吕不韦组织门客将各自所见所闻记下，汇合了先秦各派学说，综合在一起成为八览、六论、十二纪，共二十余万言的巨著。他认为其中包括了天地万物古往今来的事理，所以

号称《吕氏春秋》。

书写成后，吕不韦命令把全文抄出，贴在咸阳城门上，并发出布告："谁能把书中的文字增加一个或减少一个，甚至改动一个，赏黄金千两。"

布告贴出许久，人们畏惧吕不韦的权势，没人来自讨没趣。于是"一字千金"这个成语便流传至今。

下笔成章

曹操有个儿子，名叫曹植。曹植从小就特别聪明，而且特别爱学习，写文章很快，也很有文采。

有一次，曹操故意问曹植："今天我看了你写的文章，写得很好，是不是找别人帮你写的呀？"

曹植赶忙跪下禀告："父亲大人，儿子能出口为论，下笔成章，为什么要请别人帮忙呢？父亲如果不信，就请当面试试我。"

不久，曹操在邺下建造的铜雀台竣工了。曹操有心想要试试几个儿子的文采，就叫他们登上铜雀台去游览，然后要求每个人都以铜雀台为题，当场写一篇辞赋给他看。

不一会儿工夫，曹植就交了卷，曹操读完了连连称赞，更加喜欢曹植了，一心想要立他为继承人。

曹植虽然很有文学才华，但性情孤傲，喜欢饮酒，不如哥哥曹丕稳重、成熟、有城府。曹操通过长时间观察，最后认定曹植

在政治上不如曹丕精明能干，决定让曹丕做继承人。

后来，曹丕做了皇帝。曹植遭到曹丕的猜忌和排挤，只活到40岁就郁郁而终了。他留下的《白马篇》《送应氏》《赠白马王彪》《洛神赋》等作品，被誉为传世之作。

连环成语

强词夺（　）	屈词（　）	寇莫（　）	本溯（　）	远流长
花言巧（　）	重心（　）	年累（　）	下老（　）	言可畏
调虎离（　）	穷水（　）	心尽（　）	透纸（　）	信弃义
名列前（　）	塞顿（　）	源节（　）	言蜚（　）	重心长

成语接龙

CHENGYU JIELONG

天高气**爽**   **爽**然若**失**

失道寡**助**   **助**人为**乐**

乐极生**悲**   **悲**喜交**集**

集思广**益**   **益**国利**民**

民穷财**尽**   **尽**心竭**力**

力不从**心**   **心**猿意**马**

马到成**功**   **功**败垂**成**

成家立**业**   **业**精于**勤**

成语释义

天高气爽 形容秋天天空高远明朗、气候凉爽宜人。

爽然若失 形容一个人心中无主、空虚怅惘的神态。

失道寡助 道：道义；寡：少。做事违背正义的人，一定得不到别人的支持和帮助。

助人为乐 把用自己的力量帮助别人当作是一种快乐。

乐极生悲 高兴到极点时，总是容易发生使人悲伤的事。

悲喜交集 悲伤和喜悦的心情交织在一起。

集思广益 思：思考，意见；广：扩大。指集中众人智慧，广泛吸收有益的意见。

益国利民 对国家、对人民都有利。

民穷财尽 人民生活穷困，国家财富也消耗完了。

尽心竭力 尽：全部用出；竭：用尽。用尽心思，使出全力。形容做事十分努力。

力不从心 心里想做，可是力量够不上。

心猿意马 心意好像猴子在跳、马在奔跑一样控制不住。形容心里东想西想，安静不下来。

马到成功 比喻事情进展顺利，迅速取得成功。

功败垂成 事情在将要成功的时候遭到了失败。

成家立业 指男人结了婚，有了事业，能独立生活。

业精于勤 业：学业；精：精通；勤：勤奋。学业精深是由勤奋得来的。

力不从心

　　班超是东汉时的名将。他七十岁时，精力日益衰减，且思乡之情日甚，他给汉和帝刘肇上书一封。大意是：陛下，臣在西域转眼已经多年了，日日夜夜思念故乡。臣听说先前的姜太公在齐国做官，可他的五世后代死后还要埋葬在原籍周地，其实周地与齐地之间不过千里。而我现在身处遥远的西域啊，怎能不思念故乡呢？……

　　班超的妹妹班昭读了兄长的信，也写信给汉和帝，替哥哥请求告老还乡。大意是：我的胞兄班超，蒙受皇恩，自来西域，立志为国捐躯，屡立微功。他每逢攻战，不避死亡，倚仗陛下的神威，才在这大沙漠里征战了近三十年。现在他年老体衰，双手麻痹，耳聋眼花，要拄杖才能行走。虽说他为了报答皇帝的大恩尽职尽责，可是倘使此地发生暴乱，"超之力不能从心"，这会损害国家、朝廷的利益，战绩前功尽弃！现在，陛下以孝治天下，深得万民拥戴。在此，我冒死替家兄班超请求，让他活着回到故乡，我的哥

哥以壮年竭尽忠孝于荒野大漠，难道还让他死在他乡异域吗？我满怀哀痛地向陛下奏禀实情，请皇帝开恩！

班昭信中"超之力不能从心"的话，后来演变为成语"力不从心"。

业精于勤

韩愈，字退之，是唐朝著名的文学家、思想家。他的理想就是做好一名谏官。因此，他为官时忠心进谏，一心为国为民，但也正是因为如此，他的仕途也比常人增加了许多波折，因为直言敢谏得罪了皇帝，也使一些奸臣怀恨在心，总想除之而后快。就这样，韩愈被贬到偏远之地当了一个小县令，多年以后，才当上了国子监博士。

韩愈上任后，认真地教育自己的学生。一天，他以自己的切身体验启发学生们说："年轻人啊，学业的精深，取决于勤奋，游荡懈怠就会荒废；事业的成功，在于独立思考，随波逐流就会失败。这是我多年来的亲身体会，概括为'业精于勤，荒于嬉；行成于思，毁于随'。"

有个学生大胆地提出了自己内心的困惑，说："老师，据我们所知，您名满天下，学业可算得上精深。然而，学问好，朝廷并没有重用您；您直言进谏，反而被贬到了边远地区。直到现在，您依然过着清苦的生活，高深的学问并没有为您带来很高的权势和巨大的财富，那么学与不学又有什么用呢？做学问只不过是装清高罢了。"

韩愈听后严肃地说："你错了！做人难道就是为了升官发财？读书、做事难道只是为了让妻子儿女过上富裕的生活？古时司马迁是个学问渊博的人，他虽然遭受酷刑，却仍然坚持完成了《史记》这部伟大的著作；屈原是个对国家大事有着自己独特见解的诗人，虽被流放直至自沉汨罗江，却始终心系楚国的兴亡。他们虽然没有过上锦衣玉食的生活，但他们内心充实，从未停止对真理的探求，他们便是我们做人、做学问的榜样，也是我们一生孜孜追求的最高目标。"

成语接龙

CHENGYU JIELONG

勤俭持家	家徒四壁
壁立千尺	尺幅千里
里出外进	进退两难
难以置信	信誓旦旦
旦夕祸福	福至心灵
灵机巧变	变化无穷
穷凶极恶	恶贯满盈
蝇营狗苟	苟且偷生

成语释义

勤俭持家 以勤劳节约的精神操持家务。

家徒四壁 徒：仅仅，只有。家里就只有四面墙壁。形容十分贫困，一无所有。

壁立千尺 山岩如壁，高耸千尺。形容威严耸立的高大形象。

尺幅千里 一尺长的画幅，画进了千里长的景象。比喻外形虽小，但包含的内容多。

里出外进 形容不平整、不整齐。引申义为该凹进去的地方凸出来了，而该凸起的地方又凹进去了。

进退两难 前进和后退都难。比喻事情无法决定，因而难以行动。

难以置信 置：使得，让；信：相信。事情的发生出乎意料，难以使人相信。

信誓旦旦 信誓：表示诚意的誓言；旦旦：诚恳的样子。誓言说得真实可信。

旦夕祸福 旦：早上；夕：日落。时间不同，好的坏的事情都可能会发生。比喻有些灾祸的发生事先是无法预料的。

福至心灵 福：幸运。意思是人运气来了，心也变得灵巧了。

灵机巧变 形容反应快，主意多，处理问题随机应变。

变化无穷 穷：极端。形容不断变化，没有止境。

穷凶极恶 形容极端残暴凶恶。

恶贯满盈 罪恶之多像穿线已穿满一根绳子。形容罪大恶极，到受惩罚的时候了。

蝇营狗苟 比喻为了追逐名利，不择手段，像苍蝇一样飞来飞去，像狗一样不知羞耻。

苟且偷生 苟且：得过且过；偷生：苟且地活着。得过且过，勉强活着。

信誓旦旦

春秋时期，有位男子爱上了一位无比美丽的姑娘。他在向姑娘求婚时，发誓今生今世永远爱她，即使海枯石烂也不会变心。

淳朴善良的姑娘信以为真，答应秋后与他成婚。婚后，妻子对丈夫真心诚意，但是丈夫却变了心，无端虐待她。

后来，那男子竟将她遗弃。她在痛苦中回忆起以往的种种情景，内心无比愤恨，怨恨地控诉："当初他说我们要白头到老，现在回忆起这话就使我怨恨。滔滔的淇水再宽也有个岸，湿湿的洼地再阔也有个边。当初我和他一起嬉戏，说说笑笑，多么欢快。当年他信誓旦旦，没想到如今却反复无常把心变。我恨他变心不念旧，只好一刀两断把事情了结！"

有人根据这位女子的不幸遭遇，写成了一首诗，即《卫风·氓》，其中有一段写道：

及尔偕老，老使我怨。
淇则有岸，隰则有泮。
总角之宴，言笑晏晏。
信誓旦旦，不思其反。
反是不思，亦已焉哉！

后来，人们用"信誓旦旦"这个成语指一个人的誓言说得真实可信。

蝇营狗苟

《诗经》里有一首题为《青蝇》的诗，共三节，每节都以"营营青蝇"起句。第一节的四句原文是：

"营营青蝇，止于樊。岂弟君子，无信谗言。"

大意是说：绿头苍蝇真正讨厌，把它赶出篱笆外面。和善明理的正派人，绝不听信挑拨离间。

营营，形容往来频繁之状；青蝇，即绿头苍蝇，是蝇类中最惹人厌恶的；樊，义同藩，即篱笆；岂弟，同"恺悌"，兄弟般和睦的意思。这首诗，是用来讽刺昏君和谗臣的，诗人把搬弄是非、颠倒黑白的小人，比作青蝇。后来，人们就把贪贿舞弊、争逐微利的卑劣人物称为"蝇营"，说他们好比往来营营的青蝇一般，讨厌之至。

唐代文学家韩愈在他的《送穷文》中说："蝇营狗苟，驱去复还。"他在"蝇营"二字之后，添了"狗苟"二字，从此这成语就流传了下来。"蝇营"二字同音，"狗苟"二字也同音，这句成语，在字面上组合得相当巧妙。

给下面的句子搭配合适的成语。

被弓箭吓怕了的鸟	不计其数
无法计算数目	惊弓之鸟
安定愉快地生活和劳动	各抒己见
每个人都充分发表自己的意见	安居乐业

成语接龙

CHENGYU JIELONG

生花妙笔　　笔走龙蛇

蛇口蜂针　　针锋相对

对牛弹琴　　琴心剑胆

胆大如斗　　斗转星移

移花接木　　木人石心

心灵手巧　　巧立名目

目瞪口呆　　呆若木鸡

鸡鸣狗盗　　盗亦有道

成语释义

生花妙笔 比喻一个人有杰出的写作才能。

笔走龙蛇 下笔写字像龙和蛇行走一样一气呵成。形容书法生动而有气势。

蛇口蜂针 像毒蛇的口和毒蜂的针。比喻恶毒的言辞和手段。

针锋相对 比喻双方在策略、论点及行动方式等方面尖锐对立。

对牛弹琴 指讥笑听话的人不懂得对方所说的是什么意思。以此来讥笑说话的人不看对象。

琴心剑胆 比喻既有情致，又有胆识。旧小说多用来形容能文能武的才子。

胆大如斗 指胆子像斗一样大。形容一个人胆量极大。

斗转星移 星斗变动位置。指季节或时间的变化。

移花接木 把一种花木的枝条嫁接在另一种花木上。比喻暗中用手段更换人或事物来欺骗别人。

木人石心 指意志坚定，任何诱惑都不动心。

心灵手巧 心思灵敏，手艺巧妙。

巧立名目 想出各种办法定一些名目来达到某种不正当的目的。

目瞪口呆 形容因吃惊或害怕而表现出发愣的样子。

呆若木鸡 呆得像木头鸡一样。形容因恐惧或惊异而发愣的样子。

鸡鸣狗盗 学鸡啼叫，装狗进行偷窃，指微不足道的本领。也指偷偷摸摸的行为。

盗亦有道 道：准则。指的是盗贼也有他们行盗的准则和规矩。

对牛弹琴

　　佛教并不是我国土生土长的宗教，而是在汉朝时才开始从印度传到中国，因此当时大多数人对佛教一窍不通。东汉末年，有个叫牟融的学者，他对佛经有很深的研究。但是当他给儒家学者宣讲佛义时，却总是用儒家的《论语》《尚书》等经典来阐述道理，而不直接用佛经来回答。儒家学者对他的这种做法非常不理解。牟融心平气和地回答："我知道你们都熟悉儒家经典，而对佛经是陌生的，如果我引用佛经来给你们作解释，不就等于白讲了吗？"

　　牟融向他们讲了"对牛弹琴"的故事，进一步表明自己的观点：

　　"古代有一位大音乐家公明仪，他对音乐有很高的造诣，弹得一手好琴，优美的琴声常使人如身临其境。

　　"有一天，阳光明媚，他漫步郊野，只见在一片葱绿的草地上有一头牛正在低头吃草。这清静怡人的氛围激起了音乐家为牛弹奏一曲的欲望。

　　"他首先弹奏了一曲高深的'清角之操'。虽然他弹得十分认真，琴声也优美极了，可是那牛

却依然如故，只顾低头吃草，根本不理会这悠扬的琴声。

"公明仪不乐意了，但当他静静观察思考后，明白了那牛并不是听不见琴声，而实在是不懂得曲调高雅的'清角之操'。

"于是，公明仪又重弹了一曲通俗的乐曲，那牛听到好像蚊子、牛蝇或小牛叫声般的琴声后，停止了吃草，竖起耳朵，好像在很专心地听着。"

牟融讲完故事，接着说："我用儒家经典来解释佛义，也正是这个道理。"儒家学者们这才明白了牟融的良苦用心，于是都很佩服牟融传授佛经的方法。

鸡鸣狗盗

孟尝君受秦王邀请，带着门客来到秦国。秦王想拜他为相国。秦国的大臣反对说："孟尝君虽有治国之才，但他是齐国的宰相，会把齐国的利益放到首位，秦国岂不危险？"秦王便打消了原来的想法，并把孟尝君软禁起来，准备杀害他，免除后患。

孟尝君派人向秦王的爱妃求救。爱妃表示，必须送给她一件白狐皮的大衣，她才愿意帮忙。孟尝君已将白狐皮大衣献给了秦王，无论如何也弄不到第二件，急得孟尝君与众门客手足无措。一位门客说："我把白狐皮大衣偷出来问题不就解决了吗？"当天夜里，这个门客学着狗叫，潜入秦王收藏衣服的仓

库，盗出了白狐皮大衣。孟尝君立即送给了秦王的爱妃。在爱妃的劝说下，秦王释放了孟尝君。

孟尝君被释放以后，立即带领门客上马向齐国飞奔。他们一路马不停蹄，待赶到函谷关时，正好是半夜的时候，无法出关。按秦国的规矩，要等到鸡鸣以后才能开关放人。孟尝君心里非常焦急。

这时，他手下另一位门客学起了鸡鸣，附近的鸡也跟着一齐啼叫起来。管理城门的官员听到鸡鸣，立即下令开关，孟尝君等一行人逃出秦国，脱离了险境。等到秦国的士兵发现孟尝君逃走时，马上去追，可此时孟尝君已顺利地到达了齐国。

把下列成语填完整。

大（ ）过望　　（ ）天悯人　　诚惶诚（ ）

乐极生（ ）　　勃然大（ ）　　（ ）出望外

心（ ）肉跳　　（ ）不可遏　　（ ）发冲冠

（ ）眉不展　　（ ）弓之鸟　　（ ）肠百结

成语接龙

CHENGYU JIELONG

道貌岸**然**   **然**荻读**书**

书香铜**臭**   **臭**味相**投**

投其所**好**   **好**为人**师**

师出无**名**   **名**震一**时**

时来运**转**   **转**祸为**福**

福地洞**天**   **天**马行**空**

空穴来**风**   **风**马牛不相**及**

及门之**士**   **士**为知己者**死**

成语释义

道貌岸然 指神态严肃，一本正经的样子。现在常用来形容故作正经、表里不一的伪君子。

然荻读书 然：燃烧；荻：芦苇一类的东西。燃荻为灯，发愤读书。指勤学苦读。

书香铜臭 书香：读书的家风；铜臭：铜钱上的臭味。指集书香和铜臭聚于一体的书商。

臭味相投 多指有坏思想、坏作风的人在志趣、习惯等各方面都相同，彼此合得来。

投其所好 迎合别人的喜好。

好为人师 喜欢当别人的老师。形容不谦虚，自以为是，爱摆老资格。

师出无名 出兵没有正当理由。也引申为做某事没有正当理由。

名震一时 名声震动当时社会。

时来运转 旧指时机来了，命运也有了转机。指境况好转。

转祸为福 把祸患变为幸福。指把坏事变成好事。

福地洞天 原为道家语，指神仙居住的名山胜地。后多比喻风景优美的地方。

天马行空 天马奔腾神速，像腾起在空中飞行一样。比喻诗文气势豪放。也比喻人浮躁，不踏实。

空穴来风 有了洞穴才能进风。比喻消息传播不是完全没有原因。也比喻流言趁机传开。

风马牛不相及 本指齐楚很远，即使马牛走失也不会跑到对方境内。比喻事物彼此毫不相干。

及门之士 旧泛指登门求教的弟子。

士为知己者死 指愿为赏识自己、栽培自己的人献身。

天马行空

"伊犁马"产于我国新疆境内的伊犁河一带,此马长得剽悍勇猛,毛色细腻美观,非常名贵。它的四条腿结实有力,行动敏捷,特别擅长跳跃。它是优良的轻型乘用马,自古以来就受到人们的喜爱,古人称它为"天马"。

汉朝时,西域的大宛国也出产一种名马,被称为"西极天马",传说可以"日行千里"。因为"西极天马"跑得神速,故称之为"天马行空"。

最早将大宛国出产天马的消息告诉汉武帝的是张骞。汉武帝获悉后,立即派人带着金银珠宝和马匹去大宛国换天马。可是,大宛国国王却不肯把天马献出,而且还扣留了财物,并杀了使臣,把宝马藏匿在贰师城。

汉武帝大怒,派李广利为贰师将军,领兵讨伐大宛国。大宛国的大臣们害怕战争,就杀了国王毋寡,献出宝马三千匹。

风马牛不相及

春秋时期，诸侯国之一的齐国，国君齐桓公任用管仲做丞相，国力强盛，成为中原霸主。齐国对南方的楚国非常不满，于是以当年因周昭王南征未归为借口，会盟北方七国准备联合攻楚。楚成王知道了消息，觉得齐国这是毫无道理的做法，一边集合大军准备迎战，一边派屈完前去齐国质问齐桓公。

屈完见到齐桓公后，责问道："大王居住在遥远的北方，我们楚国在南方，相距很远，即使像不同类的牛马那样放逸奔跑，相互追逐，也跑不到对方的境内去，大王为何不远千里前来进犯我们的国家呢？"

齐国丞相管仲回答说："从前召康公命令我们的祖先说，无论是谁，无论他有多高的职位，如果他有罪，我们就有权去讨伐他，以此来辅佐周朝。召康公还赐给我们先祖征讨的范围：东到海边，西到黄河，南到穆陵，北到无棣。你们楚国常年不向周王纳贡，以致周王室的祭祀用品都供应不上。今天，我们特来替周王室向你们收取贡品。另外，周昭王在汉水落水溺死，也是你

们所为。你们犯下这滔天大罪，各诸侯国都非常气愤，特来向你们质问此事。"接着他又历数了楚国多条"罪状"，向屈完大逞威风。

屈完听后，慢慢起身答道："若真的像管相说的那样，我们楚国没有按时纳贡，这可能是楚王公事繁忙，一时失察所致，以后我们按时交齐便是。共同辅佐周王是我们的责任，楚王岂敢不纳贡品？至于周昭王汉水溺死一事，你们向我们质问，倒不如去问汉水。"

管仲一时为之语塞，接着威胁说："你看，我们各路诸侯联军这么强大，你们楚国是根本没有办法抵挡的。"不料屈完不卑不亢地答道："您这样说也未免太小看我们楚国了，要是凭武力的话，我们楚国以方城（楚长城）作城墙，以汉水作壕沟，你们就是再来更多的军队，也未必打得过来。"屈完一席话，把素以善辩著称的管仲也驳得无话可说。齐国看楚国军队如此强大，准备充足，便不敢轻举妄动，权衡利弊之后只好撤兵回国了。

把下列成语填完整。

万（　）更新　　虎背（　）腰　　千军万（　）
心（　）意马　　对（　）弹琴　　声名（　）藉
打草惊（　）　　狼吞（　）咽　　（　）毛蒜皮
（　）立鸡群　　抱头（　）窜　　一箭双（　）

成语接龙

CHENGYU JIELONG

死不瞑目　　　目不识丁

丁一卯二　　　二姓之好

好高骛远　　　远近闻名

名不副实　　　实获我心

心腹之患　　　患得患失

失之毫厘，谬以千里

里应外合　　　合理合法

法其遗志　　　志大才疏

疏忽职守

成语释义

死不瞑目 死了也不闭眼。原指人死的时候心里还有放不下的事情。现常用来形容极不甘心。

目不识丁 连最普通的"丁"字也不认识。形容一个字也不认得，没有文化。

丁一卯二 丁卯合位，一丝不差。形容确实、牢靠。

二姓之好 指两家因婚姻关系而成为亲戚。

好高骛远 比喻不切实际地追求过高过远的目标。

远近闻名 在远处和近处都有名。比喻名字被大家所熟知。

名不副实 名声或名义和实际不相符。指空有虚名。

实获我心 表示别人的说法跟自己的想法一样。

心腹之患 心腹：这里指内部；患：祸害。比喻隐藏在内部的严重祸害。也泛指最大的隐患。

患得患失 患：忧患，担心。担心得不到，得到了又担心失掉。形容对个人得失看得很重。

失之毫厘，谬以千里 开始稍有差错，结果会造成很大的错误。

里应外合 应：接应；合：配合。外面攻打，里面接应。

合理合法 既合乎道理，又符合法律规定。

法其遗志 指效法死者生前没有实现的一些志愿。

志大才疏 志：抱负；疏：粗疏，薄弱。指人志向远大而才能不够。

疏忽职守 忽略了工作岗位。比喻一个人不尽职守责。

目不识丁

唐宪宗年间，张弘靖在朝廷中做官。他为人圆滑无比，吹牛拍马是他的长项，深得上司器重。没过多久，他竟被朝廷任命为幽州节度使，代替了前任节度使刘总。

幽州的百姓以为来了一个好官，急着要一睹张弘靖的尊容。

但是张弘靖不了解幽州，根本不懂这里的风俗民情，再加上他出身富贵之家，来到幽州时，他的车驾在三军之中十分显眼，使百姓吏卒们看了十分惊骇。

刚一上任，张弘靖便想有所作为，但从哪里着手呢？

他想到，幽州地处边远，要想开化这里的百姓，首先要改革民俗，但这谈何容易。

张弘靖想，安史之乱时，安禄山首先就是在幽州造反叛乱的，他以为只要

能将安禄山的问题解决一下，民风就能好起来。于是，张弘靖派人掘开安禄山的坟墓，毁掉安禄山的棺椁，当地百姓看到张弘靖的所作所为大为失望，人们都说："我们都以为来了一个为民着想的好官，不想却来了一个掘墓开棺的官呀！"

不仅张弘靖让人失望，他手下还有两个十分可恶的官吏，他们一个叫韦雍，另一个叫张宗厚。这两个人整天无所事事，经常聚合一伙人到酒店去喝酒，而且每次都要喝到大半夜，直喝得酩酊大醉方才罢休。

有一天，韦雍又喝醉了酒，便对军吏们大发狂言："现在天下太平，国家无战事，你们这些军吏虽能拉开两石重的强弓，但那有什么用处呢？还不如认识一个'丁'字呢？"这对士兵们是一种极大的讽刺，因为当时士兵的衣服上都有一个"丁"字，表明韦雍极度骄纵，非常蔑视士兵。士兵们心中义愤填膺，对韦雍恨得咬牙切齿。这些事还不算，前任幽州节度使刘总离任回到朝廷不久，便派人为幽州的士兵们送来一百万贯钱，以犒赏跟随他多年的士兵。但是张弘靖竟敢冒天下之大不韪，从中扣下二十万贯充作军府杂用开销，只将八十万贯钱分给了那些士兵。

这件事不久就被全幽州人知道了，兵士们真是到了忍无可忍的地步，再也不愿受韦雍、张宗厚的欺压，更不愿听从张弘靖的指挥，借机反叛。

幽州的士兵愤怒地把韦雍、张宗厚杀了，又把张弘靖拘禁了起来。后来，朝廷派重兵平息了这场叛乱，张弘靖被贬下放。

心腹之患

春秋末年，吴王夫差准备出兵讨伐齐国。大臣伍子胥认为这个时候出兵攻打齐国，不仅耗费兵力粮草，而且作用也不大。而当前越国日渐强大，又离吴国很近，它才是将来吴国最大的隐患（心腹之患）。

然而这个时候，越王勾践正好带着臣子以及厚礼来朝见吴王，夫差收了越王送来的丰厚礼物，心里非常高兴，哪里听得进伍子胥的劝说，一心

想要和越国搞好关系，而立刻出兵攻打齐国。

没过几年，越国更加强大了，越王勾践趁着吴国北上攻打晋国的机会，率领大军一路攻城略地，将吴国彻底打败了。

夫差没有听从伍子胥的劝告，使得吴国终于葬送在了自己手中。

有趣的成语"加法"。

（　）敲碎打＋（　）丝不苟＝（　）箭双雕

（　）鸣惊人＋（　）本正经＝（　）全其美

（　）龙戏珠＋（　）毛不拔＝（　）思而行

（　）顾茅庐＋（　）步登天＝（　）海为家

（　）面楚歌＋（　）无所有＝（　）花八门

成语接龙

CHENGYU JIELONG

守株待兔	兔死狐悲
悲天悯人	人人自危
危急存亡	亡猿祸木
木朽不雕	雕虫小技
技艺高超	超然物外
外强中干	干戈四起
起死回生	生离死别
别具一格	格格不入

成语释义

守株待兔 比喻企图不经过努力而得到成功的侥幸心理。现也比喻死守狭隘经验，不知变通。

兔死狐悲 兔子死了，狐狸感到悲伤。比喻因同类的死亡而感到悲伤。

悲天悯人 悲天：哀叹时世；悯人：怜惜众人。指哀叹时世的艰难，怜惜人们的痛苦。

人人自危 由于残酷的统治，使每个人都感到危险。

危急存亡 指情势危险急迫,关系到生存或灭亡。

亡猿祸木 比喻欲损人反而害己的行为。

木朽不雕 腐烂的木头无法雕刻。比喻人不可造就或事物和局势败坏而不可救药。

雕虫小技 雕：雕刻；虫：指鸟虫书，古代汉字的一种字体。比喻小技或微不足道的技能。

技艺高超 指富于技巧性的表演艺术或手艺，好得超过一般水平。

超然物外 超然：超脱；物外：世外。超出世俗生活之外。引申为置身事外。

外强中干 干：枯竭。形容外表强壮，内里空虚。

干戈四起 干戈：兵器的通称。形容到处都发生争战。

起死回生 把快要死的人或动物救活。形容医术高明。也比喻把已经没有希望的事物挽救过来。

生离死别 活着的人之间分离好像和死者永别一样。指很难再见的离别或永久的离别。

别具一格 另有一种独特的风格。形容别致、新颖，与众不同的样子、风度等。

格格不入 形容彼此不协调，不相容。

守株待兔

宋国有位农民，每天都辛辛苦苦地在田地里劳动，维持全家的生活。一天，他正在田里干活，忽然，有只野兔从远处跑来。只见它狂奔乱闯，最后竟然撞在一个树桩上。农夫走近树桩一看，发现那只野兔已折断头颈死了。农夫高兴极了，心想："我真是太幸运了，怎么会有此等好事？要是天天都有兔子捡，岂不比耕田的收获更多吗？"随后，他把那只死兔捡回家美美地吃了一顿。

兔子肉当然比稻谷好吃了！要是经常能吃到美味的兔子肉该有多好啊！

第二天，农夫早早来到了自己家的田地，但他并不干活，而是坐在那个树桩旁，满怀期待地等待着再有野兔撞死在树桩上，想再一次白白地捡到死兔。

可是，时间一天天地过去了，家人反对他，邻人笑话他，但这位农夫没有放弃，依然苦苦地在那棵大树下徘徊，精神实在可嘉。只是他却再也没有等到第二只撞死在树桩上的野兔，而田里的庄稼却荒芜了。

人们都取笑他这种行为，并且将他的故事传遍了宋国。

这个故事流传了多年，成为成语"守株待兔"的来源。

这个宋国的农民，因为偶尔捡到一只撞死的野兔，就荒

芜了一季的庄稼，不管家人可能已经没有米下锅的现实，认为在自己的想象中能实现的事，在现实中也一定能实现，结果不但害得一家人面临饥饿的威胁，自己本身也成为他人的笑柄。实在是可悲啊！

这个故事让我们在感到可笑的同时，也启发我们：不要把偶然的幸运当成永远的幸运，幸福的生活不是坐着等待就能到来的，幸福的生活需要人们用自己勤劳的双手去创造。

起死回生

秦越人是战国时期齐国人，是家喻户晓的神医。人们都把他比作传说中黄帝时代的神医扁鹊，时间长了，很少有人知道他的真名，都称他为"扁鹊"。

有一次，扁鹊路过虢国，听见别人在议论，说太子本来身体健康，早上不知怎么突然就得病死了。扁鹊了解了一下太子得病的情况，当得知尸体还没有收殓时，扁鹊就对宫里的侍从说："你去禀告国君，我能把太子救活。"那个侍从听了，认为扁鹊是在说大话。扁鹊就对他说："你要是不信，就去看看太子，现在他的耳朵里有响声，鼻孔张得很大，下半身还是热的。"侍从惊奇地把嘴巴张得老大，赶紧跑去报告国君。

　　国君急忙出来接见，请扁鹊去救太子。扁鹊来到太子床前，看了看他的脸色，又号了一下脉，对国君说："太子的病叫'尸厥'，看起来像是死了，其实并没有死，完全有救。"扁鹊取出银针，在太子的头上、胸前、手脚上各扎了几针。不一会儿，太子果然苏醒了。扁鹊又熬了汤药给太子喝，还给他做了热敷。治疗了几天，太子就完全好了。消息传开后，扁鹊更是名声大振，人们都说他有起死回生的本事。扁鹊说："我并不能让死人活过来，而是他本来就没死。"

对号入座。

千辛万苦　　轻描淡写　　恰到好处　　旗开得胜

1 在奥运会上，我国体育代表团_____，第一天就拿到了金牌。

2 要使文章感情真挚，用词造句就要_____。

3 毛主席率领中国工农红军，历尽_____，走完了两万五千里的长征。

4 他对这件事只是_____，一笔带过。

成语接龙

CHENGYU JIELONG

入木三分	分秒必争
争先恐后	后顾之忧
忧心如焚	焚琴煮鹤
鹤立鸡群	群龙无首
首屈一指	指鹿为马
马革裹尸	尸位素餐
餐风宿露	露胆披肝
肝胆相照	照功行赏

成语释义

| 入木三分 | 王羲之的字迹透入木板三分深。形容书法极有笔力。现多比喻分析问题很深刻。 |

| 分秒必争 | 一分一秒也一定要争取。形容充分利用一切时间。 |

| 争先恐后 | 抢着向前，唯恐落后。 |

| 后顾之忧 | 来自后方的忧患。指在前进过程中担心后方发生问题。 |

| 忧心如焚 | 心里愁得像火烧一样。形容非常忧虑焦急。 |

| 焚琴煮鹤 | 把琴当柴烧，把鹤煮了吃。比喻糟蹋美好的事物。 |

| 鹤立鸡群 | 像鹤站在鸡群中一样。比喻一个人的仪表或才能在周围一群人里显得非常突出。 |

| 群龙无首 | 比喻没有领头的人，某些事无法统一行动。 |

首屈一指 扳指头计算，首先弯下大拇指，表示第一。引申为最好的。

指鹿为马 指着鹿，说是马。比喻故意颠倒黑白，混淆是非。

马革裹尸 马革：马皮。用马皮把尸体裹起来。指英勇牺牲在战场上。

尸位素餐 尸位：空占职位，不尽职守；素餐：白吃饭。指一个人空占着职位而不做事，白吃饭。

餐风宿露 形容旅途或野外生活的艰苦。

露胆披肝 披露肝胆。比喻待人坦诚之至。

肝胆相照 肝胆：比喻真心诚意。比喻以真心相见。

照功行赏 按照功劳大小给予不同的奖赏。

入木三分

　　王羲之，字逸少，晋朝会稽人，是我国历史上最著名的书法家。因为他曾经官居右军将军，所以人们又称他为"王右军"。

　　王羲之的书法，可以称得上冠绝古今。他的字秀丽中透着苍劲，柔和中带着刚强，后代众多著名书法家没有一个能比得上他的。所以，后代学习书法的人大都用他的字当范本。现在他留下来的书帖中最著名的有《兰亭集序》《黄庭经》等，都是他书法作品中的精品。

　　王羲之取得这些成就固然与他的天赋有关，但主要还是他刻苦练习的结果。

　　他曾经在池塘边练习写字，每次写完，就在池塘里洗涤笔砚。每一次，笔头一触及水池，水池里立即就黑了一片，染黑的水像一朵黑云一样迅速扩散到整个水池；再等他洗一洗那砚台，水池就黑得没法看了。有时候，他洗完笔砚，就在水池边休息一会儿，看着这被染黑的水，他思考了很多，领悟了很多。这种奇特的经历带给王羲之很多启发，让他越发相信，只要自己天长日久地坚持练习书法，一定能

成为书法大家。时间一久，整个池塘的水都变黑了，加之墨汁很臭，害得那些小鱼小虾都没法生存了！而王羲之的书法功力果然大增！由此可知，王羲之在练习书法上所下的功夫有多深了。

王羲之不仅刻苦练习，还喜爱反复琢磨。为了练好字，王羲之无论是走路还是休息，无论是吃饭还是上厕所，脑子里萦绕的全是字的结构；就是在梦里，他也念念不忘一些字的偏旁部首，高声嚷嚷着这些部首的名字。就这样，他不停地揣摩字的骨架、领会字的气势，还不时用手指在衣襟上比画。久而久之，王羲之时常把自己的衣服划破。由此可知，王羲之对练字是多么痴迷。

有人不禁想问，王羲之这么用功，这么痴迷，他的书法究竟练到了什么境界？有一次，当朝皇帝要到北郊祭祖，就先让王羲之把祝词写在一块木板上，然后再派工匠雕刻下来。结果工匠在雕刻时非常惊奇地发现，王羲之用毛笔写的字，笔力竟然渗入木头中，连湿布都无法擦掉，木匠的刀子刻进三分还能看见墨迹。这种情景，是这位工匠从没见过的，他不由得高声赞叹说："右军的字，真是入木三分呀！"

王羲之刻苦练习书法，以至于书法入木三分的故事，启示我们：无论是学习知识，还是钻研某项技能，都要刻苦用功，全身心投入，仔细琢磨，天长日久，一定能学有所成。

鹤立鸡群

三国时候，魏国的嵇康是"竹林七贤"之一，是当时著名的文学家和音乐家。他身材魁梧高大，才华横溢，走到哪儿都非常引人注目。后来，他因为得罪了司马昭，在41岁的时候就被杀害了。

嵇康的儿子嵇绍，和他的父亲一样有才学，并且身材魁梧，仪表堂堂。

司马炎灭魏称帝后，嵇绍被征召到京都洛阳当官。有人见了他以后，

对他父亲的好友王戎说："昨天我第一次见到嵇绍，他长得高大极了。在人群之中，就像一只仙鹤站在鸡群里那样突出。"（嵇延祖卓卓如野鹤之在鸡群。）

王戎听了，说："你还没有见过他父亲呢，比他更突出！"

晋惠帝司马衷继位后，嵇绍担任侍中，侍从皇帝，经常出入宫廷，很受皇帝信任，而嵇绍也对晋惠帝忠心耿耿。后来，西晋皇族内部发生了"八王之乱"，嵇绍在跟随惠帝出兵作战的时候，尽力护卫晋惠帝，不幸中箭身亡，鲜血飞溅在惠帝的战袍上。惠帝很受感动，不让内侍洗去这件战袍上的血迹，表示他非常赞赏和怀念嵇绍的高贵品质。

把下列成语填完整。

（ ）（ ）一现　　　百步穿（ ）　　　雨后春（ ）

出水（ ）（ ）　　　如（ ）似玉　　　望（ ）止渴

成（ ）在胸　　　　（ ）暗花明　　　十年树（ ）

成语接龙

赏心悦**目**	**目**不暇**接**
接二连**三**	**三**缄其**口**
口不择**言**	**言**而无**信**
信口雌**黄**	**黄**粱一**梦**
梦寐以**求**	**求**之不**得**
得寸进**尺**	**尺**蠖之**屈**
屈指可**数**	**数**一**数**二
二桃杀三**士**	**士**饱马**腾**

成语释义

赏心悦目 悦目：看着愉快。指看到美好的景色而心情愉快。

目不暇接 暇：空闲。指东西多，眼睛都看不过来。

接二连三 一个接着一个，接连不断。

三缄其口 缄：封。形容说话十分谨慎，不肯或不敢开口。

口不择言 嘴里说出来的话不加思考选择。指说话随便，言词不加考虑。

言而无信 说话不算数，没有信用。

信口雌黄 古时写字用黄纸，写错了就用雌黄涂抹改写。比喻不顾事实，随口乱说。

黄粱一梦 黄米饭尚未蒸熟，一场好梦已醒。比喻虚幻不实的事。或指欲望的破灭犹如一梦。

63

梦寐以求 睡梦中都在寻找，追求。后形容愿望强烈、迫切。

求之不得 想找而找不到。原指急切企求，但不能得到。后多形容早就有此愿望。

得寸进尺 得了一寸，还想再进一尺。比喻贪心、不知足，有了小的，又想要大的。

尺蠖之屈 尺蠖用弯曲来求得伸展。比喻以退为进的策略。

屈指可数 形容数目很少，扳着手指头就能数过来。

数一数二 不算第一，也算第二。形容突出。

二桃杀三士 两个桃子赐给三个壮士，三个壮士因相争而死。比喻用计谋杀人。

士饱马腾 形容军营中的粮饷充足，士气旺盛。

信口雌黄

　　魏晋时期，都城洛阳名士云集，人才辈出。但大家最喜欢研究的并非是经世之学，而是围绕老子和庄子的学说展开清谈。当时上层社会清谈之风日盛，西晋大臣王衍就是一个出名的清谈家，"信口雌黄"这个成语也因他而产生。

　　史料记载，王衍，字夷甫，琅琊临沂（今山东临沂北）人，生于256年。他出身名门望族，父亲曾任平北将军，"竹林七贤"中的王戎为其堂兄。他少年时就伶牙俐齿，非常善于辩论。有一次，他到文学名家山涛府上做客。他以清秀的外貌、文雅的谈吐，赢得四座赞赏。山涛却看到了王衍只重言谈而不重实际的弱点，感叹地说道："日后耽误天下的，未必不是此人啊！"

　　王衍博览群书，才华出众，长大后步入仕途，频频提升，年纪轻轻就做了黄门侍郎。由于受到当时社会风气的影响，他渐渐地迷上了玄学。他精通玄理，出口成章，为世人所倾慕。当时，人们清谈时必定要手执一种用木条和兽毛做成的工具，名叫麈尾，它本是用于驱虫、掸尘的，但相沿成习就成为一种名流雅器。王衍常常拿持在手的麈尾很特别，柄为白玉做成。每当清谈的时候，人们一边听着他的高谈阔论，一边看着他那和麈尾玉柄一样白皙的手，无不目瞪口呆。

　　可是王衍在义理讲得有错时，又随口改正，毫不在乎别人的责难，有时甚至搞得连自己的话也前后矛盾。当时，人们用黄纸写字，发现写错了，就拿雌黄来涂抹，然后再予以更正。大家见王衍这样喜欢更改自己的言论，于是便给他起了一个绰号——"口中雌黄"，意思是说他随口更正不恰当的话。

　　王衍不仅说话随意，做事也经常拿不定主意，没有长远的眼光。他先把女儿嫁给太子，后来太子在皇族争权的斗争中遭到了陷害，他怕受牵累，赶快上奏请求解除婚约；等太子的冤案昭雪后，他却因为没有能够坚守气

节，而被太子囚禁起来。

西晋皇族争权斗争愈演愈烈，历史上著名的"八王之乱"就发生在这个时候，王衍在动乱中被两位得势王爷看中，委以重任。但他颠三倒四的习性不改，身居要职却不以天下为念，只顾扩张自己的权势。西晋王朝败亡，王衍却推卸责任，说自己一向不干预朝政，罪不在自己。可是他在动乱中也没有逃过劫难，他被敌军俘去监禁在民舍内。半夜，敌将下令推倒屋墙，把他活埋在瓦砾堆中。

黄粱一梦

从前，有位穷书生，姓卢，屡试不中。有一次赶考途中，他在客栈里遇见了一个道士吕翁，就向他诉苦。吕翁取出一个枕头说："你把它枕在头下，便可以一切如意了。"吕翁说话的时候，客栈主人正在煮黄粱饭，而卢生因为旅途辛苦，便糊里糊涂地枕着吕翁给他的枕头睡着了。

不一会儿，他便进入了梦乡。他梦见自己来到了一个地方，娶了一位年轻貌美的崔姓女子为妻。那个女子不但家境殷实，贤淑能干，而且婚后帮助他踏上了仕途，还替他生儿育女。后来，他的儿女都长大了，每个人都生活得非常舒适富足。卢生也一帆风顺，一直做到宰相的高位。

又过了若干年，儿女们给他添了孙子、外孙，他便闲居在家里享福，一直活到八十多岁才安然死去。

当他从梦中醒来的时候，嘴角还挂着满足的微笑。可等他清醒过来，发现自己仍住在客栈的小房间中，刚刚那些荣华富贵只是短暂的一场梦罢了，甚至店主人煮的黄粱饭都还没有熟呢。卢生梦中的喜悦一下子消失殆尽，他失望极了。

吕翁这时才对他说："别企求虚无的东西，人生的荣华富贵就如同过眼烟云一样。"

成语接龙

腾蛟起凤	凤鸣朝阳
阳关大道	道听途说
说三道四	四面楚歌
歌舞升平	平心静气
气喘如牛	牛郎织女
女中丈夫	夫唱妇随
随波逐流	流离失所
所向披靡	靡靡之音

成语释义

腾蛟起凤 宛如蛟龙腾跃、凤凰起飞。形容人很有文采。

凤鸣朝阳 凤凰鸣叫在早晨太阳初升的时候。比喻有高才得遇明时。

阳关大道 原指古代经过阳关通向西域的大道，后泛指宽阔的交通大道，也比喻光明的前途。

道听途说 道、途：路。路上听来又在路上传播出去的话。泛指没有根据的传闻。

说三道四 形容乱加谈论。

四面楚歌 四面都是楚国人的歌声。后来比喻陷入四面受敌、孤立无援的窘迫境地。

歌舞升平 升平：太平。边歌边舞，庆祝太平。

平心静气 心情平和，态度冷静。

气喘如牛 如牛那样大声喘气，形容呼吸急促。

牛郎织女 神话人物，从牵牛星、织女星的名称衍化而来。比喻分居两地的夫妻。也泛指一对夫妻或情人。

女中丈夫 指妇女中有男子汉气概的人。指女中豪杰。

夫唱妇随 原指丈夫说什么，妻子就要附和。指妻子必须顺从丈夫，后比喻夫妻和睦相处。

随波逐流 比喻自己没有立场和主见，缺乏判断能力，只是随着潮流走。

流离失所 流离：转移离散。无处安身，到处流浪。

所向披靡 比喻力量达到的地方，敌人望风溃败或一切障碍全被清除。

靡靡之音 靡靡：柔弱，萎靡不振。指亡国的音乐，现指颓废的、低级趣味的音乐。

道听途说

春秋时代，齐国有个人叫毛空，他爱听那些没有根据的传说，然后再把自己听到的故事添油加醋地讲给别人。有一天，艾子带着学生从楚国回到齐国，刚进都城，便遇到了毛空。毛空极其神秘地告诉艾子，说有人养了一只鸭子，这只鸭子一次生了一百个蛋。

艾子不信，说："不会有这样的事吧！"毛空说："那可能是两只鸭子。"艾子摇摇头，说："这也不可能。"毛空连忙改口说："那么大概是三只鸭子生的吧。"艾子还是不信。

"那就是十只鸭子生的！"毛空最后斩钉截铁地说。毛空就是不愿意减少已说出的鸭蛋的数目，艾子当然无法相信。

看到艾子不相信，毛空想了一会儿，又对艾子说："上个月，天上掉下一块肉来，有三十丈长，十丈宽。"艾子不信，毛空急忙改口说："那么是二十丈长。"艾子还是不信。

毛空无可奈何地说："那就算十丈长吧！"艾子实在忍不住了，再也不愿意听毛空乱说了，便生气地反问道："世界上哪有十丈长，十丈宽的肉？还会从天上掉下来？掉在了什么地方？是你亲眼所见吗？刚才你说的鸭子是哪一家的？你去他家看了吗？"毛空被问得答不出话来，只好支支吾吾地说："那都是我在路上听人家说的。"艾子听了，大笑。然后他转身对站在身后的学生们说："你们可不要像他那样'道听途说'啊！"

孔子曾经说过："路途中听到传言就四处传播，这种不负责任的态度是对道德的背弃。"这则故事正好是对孔子这句话的诠释。

四面楚歌

西楚霸王项羽和汉王刘邦征战多年，双方互有胜负，最后刘邦亲率大军把楚军杀了个措手不及。项羽大败而退，退到垓下，中了韩信的十面埋伏之计，脱身不得。

当时，项羽麾下尚有数员大将和精锐士兵，汉军一时难以取胜。刘邦准备下令猛攻，韩信说："楚军虽已成瓮中之鳖，无路可逃，但战斗力不能轻视，强攻会给汉军造成无谓的伤亡，项羽还可能突围。"张良说："我们可以让汉军大唱楚地民歌，引起楚兵的思乡之情，让他们丧失战斗力。"

几天后的深夜，张良选了很多会唱楚歌的士兵一起唱楚歌。歌声婉转低沉，听者无不感动落泪，思念家乡。

项羽听到四面八方传来悲凉的楚歌，踱出帐外，看到楚军三五成群，或窃窃私语；或仰望明月，满脸泪水；或木然远眺。眼前的一派惨象让项羽觉得心情沉重，他不由想起当年在三楚高举义旗，勇冠三军的情景。昔日的辉煌、眼前的景象使他愁肠百结，项羽闷闷不乐地拿起酒壶一饮而尽。

这时，他的爱姜虞姬进帐，为他舞剑后自刎身亡。项羽内心悲苦万分，不能自已。四面楚歌果然令楚军军心涣散，项羽终于兵败，最后自刎于乌江。

71

成语接龙

CHENGYU JIELONG

音容笑貌	貌合神离
离群索居	居安思危
危言耸听	听而不闻
闻风丧胆	胆小如豆
豆蔻年华	华而不实
实事求是	是非曲直
直言不讳	讳莫如深
深仇大恨	恨之入骨

成语释义

音容笑貌 人的声音容貌和神态。用以怀念故人的声音、容貌和神情。

貌合神离 指表面上两人很切合，内心里不一样。形容表面上关系很密切，实际上是两条心，各怀心思。

离群索居 指的是离开同伴而过孤独的生活。

居安思危 处在安定的环境里，要想到有可能出现的危难祸害。指随时有应付意外事件的思想准备。

危言耸听 指故意说些夸大的吓人的话，使听的人惊疑。

听而不闻 听了跟没听到一样。形容不关心，不在意。

闻风丧胆 听到风声，就吓得丧失了勇气。形容极其恐惧。

胆小如豆 胆子小得像豆子一样。形容一个人胆子极度小。

豆蔻年华 豆蔻：多年生常绿草本植物，初夏开淡黄色花。指女子十三四岁之时。

华而不实 只开花不结果。比喻外表好看，内里空虚。

实事求是 从实际出发，认识事物的本质。通常指按照事物的实际情况办事。

是非曲直 正确的与错误的，有理的与无理的。泛指对事物的评断。

直言不讳 讳：忌讳。说话坦率，毫无忌讳。

讳莫如深 讳：隐瞒；深：事件重大。原意为事件重大，讳而不言。后指把事情隐瞒得很紧。

深仇大恨 形容仇恨极为深重。

恨之入骨 恨到骨头里。形容对一些人或事痛恨到了极点。

居安思危

有一次，宋、齐、晋、卫等十二国联合起来围攻郑国，郑国马上向十二国中实力最强的晋国求和。晋国同意讲和，其余十一国因为惧怕晋国，也就停止了进攻。

郑国对晋国感激不已，赠送给晋国许多兵车、乐器、乐师和歌女。晋悼公十分高兴，于是把一半歌女分赠给他的功臣魏绛，并对他说："你这几年为我出谋划策，我们的国家变得很强大，你也辛苦了，现在让咱们一同来享受享受吧！"

对于晋悼公的赏赐，魏绛不但一点儿也不要，而且还劝晋悼公说："现在您能团结和统率这么多国家，这是您的能耐，也是大臣齐心协力的结果。我并没有什么功劳，怎能无功受禄呢？不过，我很希望您在享受快乐的时候，能够想到国家以后的事情。听人说：'安居的时候，应该想到可能发生的危险。'能够这样做事才会先有准备，有准备才可避免失败和灾祸的到来。"

实事求是

西汉的时候，汉景帝刘启有个儿子叫刘德，被封为河间献王。

刘德对研究学问非常感兴趣，而且读书读得很认真。他还深入民间收集了很多先秦时代的具有很大价值的古书。在掌握丰富的研究资料的基础上，他认真地进行了学术研究和历史考证的工作。

当时，许多有学问的人看到刘德这种严谨认真的治学态度，都很敬佩他，对他的赞扬之声更是不绝于耳。

班固在编著《汉书》的时候，还专门为刘德写了一篇文章，名字叫《河间献王传》。班固也非常欣赏刘德，他在文中这么评价刘德的这种学习态度："修学好古，实事求是。"

后来，唐代一个叫颜师古的大学者又对这个评价加以注释，说："务得事实，每求真是也。"这些话的意思是说：刘德读书特别认真，喜爱钻研探讨古代的文化，研究学问注重掌握大量的事实做依据，然后再从中找出可靠的结论来。

后来，根据这些记载和故事，"实事求是"便成了人们常常使用的一个成语。

成语接龙

CHENGYU JIELONG

骨瘦形销　　销声匿影

影影绰绰　　绰绰有余

余桃啖君　　君子之交淡如水

水到渠成　　成千上万

万事俱备，只欠东风　　风花雪月

月黑风高　　高枕无忧

忧国忧民　　民不聊生

生龙活虎　　虎虎生风

77

成语释义

骨瘦形销 形容瘦到了极点。

销声匿影 不公开讲话，不公开露面。指隐藏起来或不公开露面。

影影绰绰 隐隐约约，模模糊糊，不真切。

绰绰有余 绰绰：宽裕。余：剩余，还有。形容人、物、财、能力等非常宽裕，用不完。

余桃啖君 比喻爱憎喜怒无常。

君子之交淡如水 君子：古代指地位高、有道德的人，现在称品行好的人为君子。君子之间建立在道义基础上的交情高雅纯净，清淡如水。

水到渠成 水流到的地方自然形成一条水道。比喻条件成熟，事情就能顺利成功。

成千上万 多得以千万数。形容数量很多。

万事俱备，只欠东风 一切都准备好了，只差东风没有刮起来，不能放火。比喻什么都已准备好了，只差最后一个重要条件了。

风花雪月 原指旧时诗文里经常描写的自然景物。后来比喻堆砌辞藻、内容贫乏空洞的诗文。也指花天酒地的荒淫生活。

月黑风高 没有月亮、风也很大的夜晚。比喻险恶的环境。

高枕无忧 垫高枕头，无忧无虑地睡觉。比喻思想麻痹，丧失警惕。

忧国忧民 为国家的前途和人民的疾苦而担忧。

民不聊生 老百姓无以为生。形容人民生活极端困苦。

生龙活虎 像有生气的龙和有活力的虎。形容活泼矫健，富有生气。

虎虎生风 老虎奔跑、扑出时带出阵阵大风。形容人的动作灵活、利落、有劲。

高枕无忧

　　战国的时候，齐国的孟尝君在家里养了三千个门客，孟尝君把这些人分成上、中、下三个等级。有一天，孟尝君的朋友介绍一个叫冯谖的人到孟尝君家，孟尝君问他的朋友："这个叫冯谖的人有什么专长呀？"朋友想了很久说："好像没什么专长！"孟尝君听了之后，就不怎么理会冯谖，家里的用人看到孟尝君不理冯谖，以为主人瞧不起冯谖，便通通把冯谖当下等的门客招待。

　　冯谖心里很不高兴，天天发牢骚："既然大家都瞧不起我，我干脆离开算了！"孟尝君知道以后，就把冯谖由下等的门客升为上等的门客，还送给冯谖的母亲吃的和用的东西，冯谖心想：孟尝君对我这么好，我一定要找机会报答他！

　　有一次，孟尝君派冯谖到薛地去讨债，冯谖违背孟尝君的命令，叫所有欠孟尝君钱的人不用还钱，替孟尝君买了个"义"的好名声。后来孟尝君被齐国国君解除了相国的官位，回到薛地去住的时候，薛地的百姓都热烈地欢迎孟尝君！

　　过了不久，冯谖又对孟尝君说："一只兔子要有三个洞藏身，才能免除被猎人猎杀的危险。您现在住在薛地，就好像兔子只有一个洞，是很危险的！万一齐国的国君对您不满意要杀您，您连躲的地方都没有！所以，您现在还不能把枕头垫高，安心地睡觉！"孟尝君一听："那我该怎么办呢？"冯谖说："这件事就交给我去办！我会让

您像狡兔一样，有三个安全的洞藏身！"于是，冯谖就去找魏国的国君魏惠王，告诉魏惠王孟尝君非常能干，魏惠王听了之后，立刻派人带着一千斤黄金、一百辆马车去请孟尝君到魏国做相国。

这个消息传到了齐国，齐国的国君马上慌张起来，赶快用隆重的礼节请孟尝君回齐国做相国。同时，冯谖又叫孟尝君在薛地建立宗庙，用来保证薛地的安全。等到薛地的宗庙建好以后，冯谖就对孟尝君说："现在三个洞都已经挖好了，从今天起，您就可以把枕头垫高，安心地睡觉了！"

后来，人们就用"高枕无忧"来形容做事情准备周全，无所忧虑。

民不聊生

战国时期，崛起于西部的秦国，国力日渐强盛，其余诸侯国竟无一能与之抗衡。秦国猛将白起更是大败韩、魏两军，一时间，各国恐慌不已。

之后，秦军进攻韩、魏，围住了魏国的都城大梁。眼看都城快被攻破了，幸亏齐、赵两国扬言要发兵救魏，秦昭王才改变战略，下令围魏的大军改攻楚国。楚地的百姓遭到了一次浩劫。

一年后，白起又率领秦兵来到魏都大梁城下，想一举摧毁魏国。但韩兵迅速赶来援救，白起只好退兵。在这种情况下，秦昭王假意和韩、魏两国交好，并要求与两国一起攻打楚国。

但是过了几个月，韩、魏两国并没有出兵。而楚国得知秦国将再次来攻伐，便派使臣黄歇到秦国求和。黄歇到秦国后给昭王上书说："现在威胁秦国的其实不是楚国，而是韩国和魏国。这是因为，韩、魏两国的百姓不知被您杀了多少，活着的百姓都无以为生，流离失所，他们极度仇恨秦国。"

黄歇煞有介事地议论了天下形势，他认为秦国联合韩、魏攻楚，是给韩、魏休养生息的机会，倘若秦军借助韩、魏，而韩、魏一旦反戈而去，秦军将有覆灭之灾，而联楚灭韩、魏是正确的。秦昭王觉得黄歇讲得很有道理，便同意了黄歇的主张。

成语接龙

CHENGYU JIELONG

风门水**口**	**口**若悬**河**
河山之**德**	**德**輶如**羽**
羽毛未**丰**	**丰**衣足**食**
食古不**化**	**化**及豚**鱼**
鱼目混**珠**	**珠**联璧**合**
和盘托**出**	**出**口成**章**
章台杨**柳**	**柳**暗花**明**
明辨是**非**	**非**同小**可**

成语释义

风门水口 指要冲，重要关键的地点。

口若悬河 形容能说会辩，说起来没完。

河山之德 形容妇人德容之美。

德輶如羽 指实行仁德并不困难,全在于他有没有这个志向。

羽毛未丰 小鸟没长成，身上的毛很稀疏。比喻势力还小，或学识、阅历尚浅。

丰衣足食 穿的吃的都很丰富充足。形容生活富裕。

食古不化 读书、作画一味学习古人，拘泥陈法，不灵活运用。指对所学的知识不理解，不善于按现在的情况来运用，跟吃东西不消化一样。

化及豚鱼 教化都能涉及小猪和鱼。比喻教化普及而深入。

鱼目混珠 混：掺杂，冒充。拿鱼眼睛冒充珍珠。比喻用假的冒充真的。

珠联璧合 珍珠串在一起，美玉结合在一块。比喻杰出的人才或美好的事物聚集在一起。

和盘托出 连盘子也端出来了。比喻全都拿出来，毫不保留。

出口成章 说出话来就成文章。形容文思敏捷，口才好。

章台杨柳 比喻窈窕美丽的女子。

柳暗花明 形容柳树成荫、繁花似锦的春天景象。也指环境或境界的骤然转变，多指由逆境转为充满希望的顺境。

明辨是非 分清楚是和非、正确和错误。

非同小可 小可：寻常的。指情况严重或事情重要，不能轻视。

鱼目混珠

一个名叫满愿的人，在一家很不起眼的铺子里，买到了一颗闻所未闻的大珍珠。回到家，满愿用最好的材料做了一个盒子，然后把那颗大珍珠放在里面，收藏得严严实实。只在大的节日，他才拿出来给知己看。

满愿有个邻居寿量，恰好寿量也有一颗大珍珠，那是他从路上捡来的。看到别人谈论满愿的珍珠时脸上那种羡慕的表情，寿量心里想："满愿的珍珠有什么了不起，我也有啊。"

事有凑巧，两人都得了一种奇怪的病。郎中说这种病需用珍珠粉来和药，才能药到病除。可是满愿不肯将那颗稀世珍宝入药，所以就只吃了方子上的药，寿量则狠心吃了用自己的珍珠和的药。

几天以后，郎中询问他们的病况如何。满愿如实相告，说自己不舍得用那颗珍贵的珍珠来入药。郎中说："那我能否看看你的珍宝？"满愿打开盒子，郎中赞叹道："果然是稀世珍宝！"

寿量告诉郎中，他用他的大珍珠入了药，他吃了药，但是病情却没怎么好转。"那么你也把所用的珍珠给我看看。"郎中说。寿量挣扎着将剩下的珍珠拿了出来。郎中一看，大笑着说："这哪是什么珍珠！这是海洋中一种大鱼的眼睛。真是鱼目混珠！"

柳暗花明

"柳暗花明"讲的是南宋大诗人陆游的故事。陆游身处的时代，国家分裂，外族进扰。王室的人逃到江南临安，建立了南宋王朝，苟且偷安。眼看着祖国的大好河山被外族践踏，陆游主张对外族的进扰坚决予以回击，属于主战派。因此，他受到了主和派的诬陷而被削去官职，贬为平民百姓。陆游万般无奈，只好从隆兴取道回到故乡山阴，在那里闲居了三年。

像陆游这样胸怀天下的爱国人士，闲居在家的滋味当然不好受。他想报效朝廷却受到罢黜，内心充满了痛苦，只得整天在家读书打发时间。然而，读书也不能使陆游感到快乐，因为他

的心时常为祖国的前途命运担忧。

因为他从小在农村长大，没有当官的架子，所以，很快他就和村民们都混得很熟。在和村民们相处的时候，陆游变得开心起来。

就这样，一年时间过去了，陆游渐渐轻松起来，读书之余，常到附近各处走走看看。

第二年四月的一天清晨，陆游被鸟鸣声吵醒，他推窗一看，见户外春光明媚，他想："这是一个出游的好时机，我何不趁此春光大好的时机，去野外走走呢！"

陆游决定独自一人到二十里外的西山去游览。谁知，登西山，并不是一件很容易的事，要翻过好几个小山头才能到达。陆游拄着手杖，顺着沿河的山坡向上行走。一路上，花香萦绕，鸟儿鸣唱，陆游心情大好。但是，西山始终可望而不可即。

西山之行，让陆游在游览山水之余，排遣了心中的苦闷，并对自己被贬的事实有了清醒的认识。特别是当他行走在茫茫的天地间，看着山，过了一重又一重；水，绕过一道又一道。而每次走到一个去处，似乎到了尽头，再也没路走了，但拐了一个弯，他却发现前面不远的山谷里有一块空地，在那成荫的绿柳和明丽的红花之间，竟然有一个小村庄。这些，都带给陆游很多启发，让他的心胸豁然开朗。

陆游兴致勃勃地走向前面的山谷，来到了那个小村庄。村民们都对远道而来的陆游非常友好，并热情地接待了他，陆游在这个小村庄度过了非常愉快的时光。

回到家后，陆游对这次西山之行印象特别深刻，便作了一首七言律诗《游山西村》。其中有两句就是：山重水复疑无路，柳暗花明又一村。

从此，"柳暗花明"这个成语便传开了。

成语接龙

CHENGYU JIELONG

可想而知	知法犯法
法外施仁	仁至义尽
尽善尽美	美中不足
足智多谋	谋财害命
命辞遣意	意气风发
发扬光大	大步流星
星罗棋布	不耻下问
问舍求田	田夫野老

成语释义

可想而知 能够经过推想而知道，可以想见。

知法犯法 知道法律，又违反法律。指明知故犯。

法外施仁 在法律之外还施加仁德。多用来指宽大处理罪犯。

仁至义尽 仁爱和正义的行动到了头。旧时指诚心报答有助于农事的神灵。现指人的善意和帮助已经做到了最大限度。

尽善尽美 极其完善，极其美好。指完美到没有一点缺点。

美中不足 事物虽好，但还有不足。

足智多谋 富有智慧，善于谋划。形容人善于料事和谋划。

谋财害命 为了劫夺财物，害人性命。

命辞遣意 运用文辞表达思想。

意气风发 风发：像风吹一样迅猛。意志和气概像风一样强烈。形容精神振奋，气概豪迈。

发扬光大 发扬：发展，提倡；光大：辉煌而盛大。使好的作风、传统等得到发展和提高。

大步流星 形容步子跨得大，走得快。

星罗棋布 像天空的星星和棋盘上的棋子那样分布。形容数量很多，分布很广。

不耻下问 不耻：不以为耻辱；下问：降低身份请教别人。乐于向学问或地位比自己低的人学习，而不觉得不好意思。

问舍求田 只知道置产业。比喻没有远大的志向。

田夫野老 乡间农夫，山野父老。泛指民间百姓。

足智多谋

曹操是三国时期著名的政治家、军事家。他足智多谋,善于解决用兵中的各种复杂问题。有一年夏天,天气十分炎热,他率领大军经过一个没有水的地方,将士们又热又渴,难受极了。

曹操在心里盘算道:这一下可糟糕了,找不到水,这么耗下去,不但会贻误战机,还会有不少的人马要损失在这里,得想个什么办法来鼓舞士气,激励大家走出干旱地带。

曹操想了又想,突然灵机一动,想出了个好点子。他站在山冈上,抽出令旗指向前方,大声喊道:"前面不远的地方有一大片梅林,结满了又大又酸的梅子,大家再坚持一下,走到那里吃到梅子就能解渴了!"战士们听了曹操的话,想到梅子的酸味,就好像真的吃到了梅子一样,口里顿时生出了不少口水,精神也振作起来,鼓足力气加紧向前赶去。就这样,曹操终于率领军队走到了有水的地方。

曹操利用人们对梅子酸味的条件反射,成功地克服了干渴的困难。可见人们在遇到困难时,不要一味畏惧不前,应该时时动脑,用自己的智慧去解决眼前的难题,这样就能到达成功的彼岸。

不耻下问

卫国大夫孔圉勤奋好学,为人谦虚,受到人们的赞扬。他死后,卫国国君为了表彰他,赐给他一个谥号"文",尊称他为"孔文子"。

孔子有个学生叫子贡，他认为孔圉不像人们所说的那样好，称他为"孔文子"，似乎评价有点过高。

他去向孔子请教："那个孔圉并没有什么了不起，凭什么要赐给他'文'的谥号？"

孔子说："孔圉聪明好学，向地位和学识不如自己的人虚心请教，而不会感到丢脸，这是非常了不起的。"子贡听孔子一说，猛然省悟，自愧不如。

连一连，把下面的动物们放到合适的地方。

（　）目寸光　　　马

（　）飞蛋打　　　兔

（　）视眈眈　　　鸟

（　）语花香　　　虎

（　）到成功　　　鼠

（　）死狐悲　　　鸡

成语接龙

CHENGYU JIELONG

老马识**途**	**途**穷日**暮**
暮鼓晨**钟**	**钟**鼓馔**玉**
玉碎珠**沉**	**沉**默寡**言**
言听计**从**	**从**容自**如**
如履薄**冰**	**冰**清玉**洁**
洁身自**好**	**好**大喜**功**
功德无**量**	**量**力而**行**
行将就**木**	**木**心石**腹**

成语释义

老马识途 老马认识走过的路。比喻经验丰富的人能起引导作用。

途穷日暮 天已晚了，路已走到了尽头。指处境十分困难，力竭计穷。也形容穷困到了极点。

暮鼓晨钟 寺院里晚上击鼓，早晨撞钟，以报时间。也形容寺院的孤寂生活或时光的推移。

钟鼓馔玉 指鸣钟鼓，食珍馐。形容富贵豪华的生活。

玉碎珠沉 美玉破碎，珠宝沉没。比喻女子殒灭死亡。

沉默寡言 默默无言，很少说笑。

言听计从 说的话，出的计谋都被听从采纳。

从容自如 形容沉着镇定，不慌不忙。

如履薄冰 履：践、踩在上面。像走在薄冰上一样。比喻行事极为谨慎。

冰清玉洁 像冰那样清澈透明，像玉那样洁白无瑕。比喻人的操行清白。

洁身自好 保持自身清白，不同流合污。也指顾惜尊重自己，不与他人纠缠在一起。

好大喜功 原指封建帝王喜好扩大疆土，炫耀武功。后指不管条件是否许可，一心想做大事立大功。多用以形容浮夸的作风。

功德无量 旧时指功劳恩德非常大。现多用来称赞做了好事。

量力而行 按照自己力量的大小去做，不要勉强。

行将就木 指人的寿命已经不长，快要进棺材了。

木心石腹 形容冷酷无情。

言听计从

　　汉王刘邦的手下有一名骁勇善战的大将军——韩信，他曾经一举击败了项羽的二十万大军，成为当时有名的军事家。楚王项羽也很欣赏他，一心想劝他为自己做事，于是，就派武涉去游说韩信归降。

　　武涉对韩信说："刘邦是不可信赖的，况且你与楚王本来就有老关系，为什么不与楚王联合，这样天下就能三足鼎立了。"

　　韩信说："我当初之所以投靠汉王，正是因为我多次出谋划策，楚王都从不采纳。而汉王信任我，我的每个主张都被采纳，简直是言听计从。我如果背叛汉王，那是不道义的。"

　　就这样，武涉没有说服韩信，无功而返。

行将就木

重耳是春秋时晋献公的儿子，因为晋献公宠爱妃子骊姬，骊姬想把自己生的儿子奚齐立为太子，于是她接二连三地设下阴谋，陷害太子申生和公子重耳、夷吾。后来申生被逼死，重耳和夷吾先后逃奔出国。

重耳带着许多忠心的臣子一起流亡。他们先逃到北方的狄国，在那里住下来。狄国人攻打一个少数民族部落的时候，俘获了这个部落的两个姑娘叔隗和季隗，把她俩送给了重耳。重耳娶了季隗，生了伯鲦和叔刘两个孩子。就这样，他在狄国生活了十二年。

这期间晋献公死了，太子奚齐也被大臣里克所杀。在外逃亡的夷吾回国继任为国君，即晋惠公。晋惠公一上任，他最害怕的事情就是重耳回来夺他的君位，于是他派人去狄国刺杀重耳。无奈，重耳又要继续逃亡了。临行时，重耳向季隗告别道："你等我二十五年，那时我如果还不回来，你就改嫁吧！"季隗流着眼泪答道："我今年已二十五岁了，再过二十五年，就是五十岁了，已经行将就木了，还嫁什么人，请容许我始终等您吧。"重耳依依不舍地告别了妻子。后来，他终于又回到晋国，并成了一代霸主——晋文公。

"行将就木"是指人的寿命已经不长，快要进棺材了。行将，将要；木，指棺材。

成语接龙

CHENGYU JIELONG

腹有鳞**甲**	**甲**第星**罗**
罗雀掘**鼠**	**鼠**目寸**光**
光怪陆**离**	**离**乡背**井**
井蛙之**见**	**见**利忘**义**
一鸣惊**人**	**人**定胜**天**
天真烂**漫**	**漫**不经**心**
心荡神**摇**	**摇**笔即**来**
来者不**拒**	**拒**人于千里之**外**

成语释义

腹有鳞甲 鳞甲：比喻人多巧诈的心。比喻居心险恶，不可接近。

甲第星罗 形容富贵人家的宅第极多。

罗雀掘鼠 原指张网捉麻雀、挖洞捉老鼠来充饥的窘困情况，后比喻想尽办法筹措财物。

鼠目寸光 老鼠的眼睛只能看到较短距离内的事物。形容目光短浅，没有远见。

光怪陆离 形容奇形怪状，五颜六色。也形容事物离奇多变。

离乡背井 背：离开；井：古制八家为井，引申为乡里、家宅。不得已离开家乡，流落到外地。

井蛙之见 井底之蛙那样狭隘的见解。比喻狭隘短浅的人。

见利忘义 见到有利可图就不顾道义。

一鸣惊人 一叫就使人震惊。比喻平时没有突出的表现，一下子做出惊人的成绩。

人定胜天 指人力能够战胜自然。

天真烂漫 原指不矫饰，不做作，纯真自然。后多用来形容儿童心地单纯、性情直率。

漫不经心 随随便便，不放在心上。

心荡神摇 指神魂颠倒，不能自持。亦指情思被外物吸引而飘飘然。

摇笔即来 不用多思索，一动笔就写出来了。形容写文章快。

来者不拒 对来的人或送上门来的东西概不拒绝。

拒人于千里之外 把人挡在千里之外。形容态度傲慢，坚决拒绝别人，或毫无商量的余地。

一鸣惊人

淳于髡是战国时齐国的著名学者,他因家里穷,只好入赘到女方家为婿。再加上他身材矮小,相貌丑陋,很让人瞧不起。但他机智聪明,博学多才,赢得了人们的尊敬。

齐威王即位以后,整天吃喝玩乐,不问国政。在他即位后的几年里,许多国土被各诸侯国占领,齐国危在旦夕,但齐威王不听任何劝谏。

齐威王有个怪癖,喜欢听笑话、猜谜语。淳于髡滑稽幽默,言语风趣,他就打算用谜语来劝告齐威王。

一天,淳于髡来到朝廷求见齐威王。齐威王正在饮酒作乐,见到淳于髡后,很不耐烦,连说:"你没看见我正忙着呢,有事明天再说。"淳于髡说:"大王,我最近听到一则谜语,特意来讲给您听。"齐威王一听谜语,高兴地说:"好啊,快讲,快讲。"

淳于髡说:"咱们齐国有只大鸟落在大王的庭院里,三年的时间,它不飞也不叫。您知道这是只什么鸟吗?"淳于髡刚一讲完,齐威王就一本正经说:"此鸟不飞则已,一飞冲天;不鸣则已,一鸣惊人。"

原来,齐威王以前荒淫无度,只不过是个假象。当时,齐国的政权掌握在卿大夫手中,齐威王需要辨明忠臣和奸佞。齐威王听出淳于髡是用谜语讽喻他,他认为时机成熟,决心整顿朝纲,振兴齐国。

天真烂漫

郑思肖是南宋末年很有气节的画家。后来北方的部落向南进扰，他曾向朝廷献计，但未被采纳。

南宋灭亡后，他弃官隐居在苏州寺庙中，改名为"思肖"。因为宋朝皇帝姓赵，"肖"是赵（趙）的偏旁，表示自己永远思念宋朝。

郑思肖在自己的寓所里挂了一块大匾，匾上是他亲笔写的"本穴世界"四个字。原来，"本"可拆分为"大""十"两字，把其中的"十"字放在"穴"字中间，就成为"宋"，加上"大"就是"大宋"，说明自己仍然生活在"大宋"的疆域内。

他连自己的朝向也非常注意，无论坐着还是睡觉，总要面向南方。许多人慕名前来拜访他，切磋画艺。他见来人说南方话，便热情接待；听来人说北方话，便拂袖而去。

郑思肖在寺庙四周种上庄稼、花草，特别爱种梅、兰、竹、菊。他能诗善画，尤其擅长画兰花，他画的墨兰没有土根，却生动逼真，朋友们都赞叹不已。有人问他："先生画墨兰，为什么不画土根呢？"

郑思肖愤然答道："土地都给别人抢去了，哪儿来的土根！"这是他对故土的怀恋和对元朝统治者的抗议。

郑思肖的画远近闻名，连当地县官也想得到一幅。一次，县官让差役传话，如果他能献出一幅墨兰，就可以免去他的赋税。郑思肖强硬地对差役说："回禀你们老爷，头可得，兰不可得！"县官听了，本想对他惩处，但考虑到这样做会引起文人们的反抗情绪，也就不了了之了。

自此，人们对郑思肖更加敬佩，求画的人越来越多。郑思肖常常当众挥笔，作画题诗，以赠友人。有一次，他画了一幅墨兰图，高五尺、长一丈多，自然仍无土根，并在画上题了"纯是君子，绝无小人"八个字。大家看到这幅画后，赞不绝口，一致认为他的画"天真烂漫，生机勃勃"。

成语接龙

CHENGYU JIELONG

外柔内**刚**	**刚**正不**阿**
阿谀逢**迎**	**迎**刃而**理**
理所当**然**	**然**糠照**薪**
薪尽火**灭**	**灭**门绝**户**
户枢不**朽**	**朽**木不**雕**
雕虫篆**刻**	**刻**不容**缓**
缓兵之**计**	**计**深虑**远**
远见卓**识**	**识**才尊**贤**

成语释义

外柔内刚 外表柔和而内心刚正。

刚正不阿 刚强正直，不逢迎，无偏私。

阿谀逢迎 阿谀：用言语恭维别人；逢迎：迎合别人的心意。奉承，拍马，讨好别人。

迎刃而理 比喻处理一件事情和解决一些问题很顺利。

理所当然 当然：应当如此。按照道理应当这样。

然糠照薪 烧糠照明，比喻一个人勤奋学习。同"然糠自照"。

薪尽火灭 柴草烧完了，火也就灭了。比喻到此死亡。

灭门绝户 绝户：绝后。全家人死尽，无一人幸免。形容灾祸之惨烈。

户枢不朽 户枢：门的转轴；朽：腐烂，败坏。经常转动的门轴就不会朽坏。比喻经常运动的东西不易受侵蚀。

朽木不雕 比喻人不可造就或事物、局势败坏而不可救药。

雕虫篆刻 虫：古代汉字的一种字体。比喻微不足道的技能，多用来比喻写作诗、文等的技能。

刻不容缓 刻：指短暂的时间；缓：延迟。指形势十分紧迫，一刻也不允许拖延。

缓兵之计 延缓对方进攻的计策。指拖延时间，然后再想办法。

计深虑远 计：计谋；虑：考虑。计谋很深远。

远见卓识 卓：高超；识：见识。远大的眼光和高明的见解。

识才尊贤 能识别并尊重有才能的人。

缓兵之计

三国时，诸葛亮出兵祁山，想讨伐魏国。魏国大都督司马懿领兵十万，前往祁山。初次交锋，司马懿吃了大亏，他下令坚守阵地，不与蜀兵交战。

诸葛亮见司马懿按兵不动，便想出了一条计策，让各路军队向后撤退。司马懿认为这是诸葛亮的阴谋，不敢追击。他派士兵去打探。士兵向他报告说蜀军已撤了多少里路。司马懿亲自去察看，果然如此。司马懿仍觉得这是诱敌之计，不能追赶。可是，张郃却说这是诸葛亮用的延缓追击的计策，以便慢慢地撤退到汉中，张郃主张追上去与蜀军决一死战。司马懿觉得有道理，同意了张郃的要求，让张郃带领一支军队先追击，自己带领一支军队在后面接应。

诸葛亮其实用的就是诱敌之计，他见魏军中计，就向众将传授了自己的作战方案。张郃带兵追到，双方交战激烈。诸葛亮表面上指挥作战，暗中派姜维、廖化带两队人马偷袭魏军的大营。

这时，司马懿得到报告，知道中了诸葛亮的计，大惊失色，带兵回撤。后来被诸葛亮的军队乘机反击，杀得大败而逃。

识才尊贤

三国的时候，魏国的曹操是一个很有谋略的大军事家。他不仅自己有很丰富的文化知识和军事知识，而且还非常注重对人才的重用。

有一天晚上，曹操操劳了一整天的国事，正准备休息。就在他脱下

鞋子洗脚的时候，突然门外有个士兵进来禀报，在营帐外面守卫的人拦下了一个人，那个人非要见曹操。曹操坐在床上问那个士兵："来的人叫什么名字？"士兵回答说："他说他叫许攸。"

许攸是一个很有才智和谋略的文士，他本来是袁绍的谋士，但是他多次向袁绍提出方法、建议都没有被接纳，因此，许攸觉得非常不满。既然袁绍不能重用自己，家人又因为犯了法被收治，于是许攸决定投奔曹操。

听到许攸这个名字，曹操高兴得不得了，一下子从床上站起来，连鞋子穿反了都顾不上换过来，就跑出去迎接许攸。他还边跑边说："怎么不早点告诉我，可让先生久等了！"

天下的人都听说曹操能够识才尊贤，都来归附他。后来，许攸建议曹操偷袭乌巢，结果大获全胜。官渡之战后，许攸也立下了不少汗马功劳。

判断：下面哪个"曲"的读音和"歌曲"的"曲"相同？

① 今天，老师让我们欣赏了一首很好听的乐曲。（　　）

② 弯弯曲曲的小路上，到处都能看见漂亮的小野花。（　　）

③ 这首曲子我已经听过好几遍了。（　　）

成语接龙

CHENGYU JIELONG

贤良方**正**　　　　**正**襟危**坐**

坐视不**救**　　　　**救**亡图**存**

存十一于千**百**　　**百**折不**屈**

屈打成**招**　　　　**招**财进**宝**

宝刀不**老**　　　　**老**大无**成**

成竹在**胸**　　　　**胸**怀大**志**

志士仁**人**　　　　**人**云亦**云**

云霞满**纸**　　　　**纸**上谈**兵**

成语释义

贤良方正 一种举荐官吏后备人员的制度，唐宋沿用，设贤良方正科。也指德才兼备的好人品。

正襟危坐 襟：衣襟；危坐：端正地坐着。整一整衣服，端正地坐着。形容严肃或恭敬的样子。

坐视不救 坐视：坐着看。见别人遇到困难或危险，自己坐在一旁看着不去援救。

救亡图存 拯救国家的危亡，谋求国家的生存之道。

存十一于千百 指亡多而存少。

百折不屈 受到无数挫折都不屈服、动摇。形容意志坚强，品节刚毅。

屈打成招 屈：冤枉；招：招供。指无罪的人冤枉受刑，被迫招认有罪。

招财进宝 招引进财气、财宝进门以发财致富。

宝刀不老 比喻虽然年龄大了，但精神、体力、本领仍不减当年。

老大无成 老大：年老。指年纪已老，无所成就。

成竹在胸 画竹前竹的完美形象已在胸中。比喻在做事之前已经有完整的谋划打算。

胸怀大志 怀有远大的志向。

志士仁人 原指仁爱而有节操，能为正义牺牲生命的人。现在泛指爱国而为革命事业出力的人。

人云亦云 人家怎么说，自己也跟着怎么说。指没有主见，只会随声附和。

云霞满纸 形容满眼都是精彩的文笔。

纸上谈兵 在纸面上谈论打仗。比喻空谈理论，不能解决实际问题，不能成为现实。

成竹在胸

宋仁宗时，有一位著名的画家文与可，他喜爱花鸟鱼虫写生画，尤其擅长画竹子。他画的竹子栩栩如生，受到人们的赞赏，故有"墨竹大师"之称。

文与可为了画好竹子，不管是春夏秋冬，也不管是刮风下雨，他都常年不断地在竹林里头钻来钻去。三伏天气，日头像一团火，烤得地面发烫。可是文与可照样跑到竹林里对着太阳的那一面，站在烤人的阳光底下，全神贯注地观察竹子的变化。他一会儿用手指头量一量竹子的节有多长，一会儿又记一记竹叶子有多密。汗水湿透了他的衣衫，他满脸都流着汗，可是他连用手抹一下也没抹，就跟没事儿似的。

有一回，天空刮起了一阵狂风。接着，电闪雷鸣，眼看着一场暴雨就要来临。人们都纷纷往家跑，可就在这时候，坐在家里的文与可，急急忙忙抓过一顶草帽，往头上一扣，直往山上的竹林里奔去。他刚走出大门，大雨就跟用脸盆泼水似的下起来了。

文与可一心要看风雨当中的竹子，哪里还顾得上雨急路滑？他撩起衣服，爬上山坡，奔向竹林。他气喘吁吁地跑进竹林，没顾上抹一下流到脸上的雨水，就两眼一眨不眨地观察起竹子来了。只见竹子在风雨的吹打下，弯腰点头，摇来晃去。文与可细心地把竹子受风雨吹打的姿态记在心头。

由于文与可长年累月地对竹子做细微的观察和研究，竹子在春夏秋冬四季的形状有什么变化；在阴晴雨雪天，竹子的颜色、姿势又有什么不同；在强烈的阳光照耀下和在明净的月光映照下，竹子又有什么不同；不同的竹子，又有哪些不同的样子，他都摸得一清二楚。正因为如此，在他动笔勾画竹子之前，怎样构图、着墨，不必反复琢磨，因而总能一挥而就，画出各式各样的竹子。据说，他画竹子时常常振笔直挥，可同时握两枝不同深浅的墨笔，同时画两枝竹。每次画竹时，他都显得非常从容，画出的竹子，无不逼真传神。当人们夸奖他的画时，他总是谦虚地说："我只是把心中琢磨

成熟的竹子画下来罢了。"

有个名叫晁补之的人，称赞文与可说：文与可画竹，早已胸有成竹了。

纸上谈兵

战国末期，赵国大将赵奢有一个儿子叫赵括。赵括从小熟读了很多兵法战略的书，虽然赵括熟读兵法，但是赵奢认为，赵括没有经过实际锻炼，不能当大将军，并把想法告诉了赵括的母亲。

后来，秦国进攻赵国，赵国老将廉颇率领大军奋勇抵抗，为了争取有利的作战条件，廉颇安营扎寨，先不行动，而是等待着最好的时机。这时，秦国为了取胜，使用了反间计，赵孝成王听信了谗言，认为廉颇老将军年纪太大，已经不适合上阵杀敌了，于是临时改派赵括当将军。

赵括的母亲听说了这件事，赶忙上书给赵孝成王："赵括虽然熟读兵书，但是还不能在实战中灵活应用。他并没有能力当大将军，请您千万不要重用他。"赵孝成王不听劝阻，最终还是决定任命赵括为大将军。

赵括掌握了兵权，他认为自己对行军打仗很熟悉，于是就照搬兵书上的兵法。他用了争取主动的错误方法，立刻向秦军出击，结果使赵军被秦军包围，全军覆没，赵括自己也中箭身亡。

只知道兵书中的兵法，而不能在实际中运用，赵括这个人就是个"纸上谈兵"的大将军。

成语接龙

CHENGYU JIELONG

兵微将寡　　寡不敌众

众志成城　　城北徐公

公私兼顾　　顾后瞻前

前所未闻　　闻鸡起舞

舞文弄墨　　墨守成规

规行矩步　　步步为营

营蝇斐锦　　锦绣前程

程门立雪　　雪案萤灯

成语释义

兵微将寡 微、寡：少。兵少将也不多。形容力量薄弱。

寡不敌众 寡：少。敌：抵挡。众：多。人少的抵挡不住人多的。

众志成城 比喻大家团结一致，就像坚固的城墙一样坚不可摧。

城北徐公 原指战国时期齐国姓徐的美男子。后作美男子的代称。

公私兼顾 既照顾到公家的利益，也照顾到私人的利益。

顾后瞻前 看着前面，又看着后面。形容做事之前考虑周到。也形容顾虑太多，犹豫不决。

前所未闻 从来没有听说过。

闻鸡起舞 听到鸡叫就起来舞剑。后比喻有志报国的人及时奋发。

舞文弄墨 原指曲引法律条文作弊，后常指玩弄文笔，写浮夸不实的文字。

墨守成规 指一个人思想保守，守着老规矩办事，不求改变。

规行矩步 指言行谨慎，合乎法度。也指墨守成规，不知变通。

步步为营 军队每向前推进一步就设下一道营垒。形容防守严密，行动谨慎。

营蝇斐锦 比喻坏人颠倒黑白，诽谤诬陷，构人于罪。

锦绣前程 像锦绣那样的前程。比喻容前途十分美好。

程门立雪 旧指学生恭敬受教。比喻尊敬老师，苦心求学。

雪案萤灯 映着雪光读书，聚萤火虫为灯。比喻贫穷苦读。

闻鸡起舞

祖逖和刘琨都是晋代著名的将领，两人在少年时期就是好朋友。

祖逖是个胸怀坦荡、具有远大抱负的人。可他小时候却是个不爱读书的淘气孩子。进入青年时代，他意识到自己知识的贫乏，深感不读书无以报效国家，于是就发奋读起书来。他广泛阅读书籍，认真学习历史，从中汲取了丰富的知识，学问大有长进。他曾几次进出京都洛阳，接触过他的人都说，祖逖是个能辅佐帝王治理国家的人才。祖逖24岁的时候，曾有人推荐他去做官，他没有答应，仍然不懈地努力读书。

祖逖和刘琨两人年轻时一起在司州（今河南洛阳东北）任主簿。两人志同道合，意气相投，都希望为国家出力，干出一番事业。他们白天一起在衙门里供职，晚上合盖一床被子睡觉。

由于西晋朝廷内部的争权夺利导致国势衰竭，所以各少数民族首领乘机起兵作乱，国家安全受到了严重威胁。祖逖和刘琨对此都很焦虑。

一天凌晨，祖逖被远处传来的鸡叫声惊醒，他把刘琨唤醒，说："你听到鸡叫了吗？"

刘琨侧耳细听了一会儿，说："是啊，是鸡在啼叫。但半夜听见鸡叫不吉利。"

祖逖说："我偏不这样想，咱们干脆以后听见鸡叫就起床练剑如何？"

刘琨欣然同意。

于是他们每天鸡叫后就起床练剑，剑光飞舞，剑声铿锵。冬去春来，寒来暑往，从不间断。功夫不负有心人，经过长期的刻苦学习和训练，他们终于成为能文能武的全才，既能写得一手好文章，又能带兵打胜仗。祖逖被封为镇西将军，实现了他报效国家的愿望；刘琨做了征北中郎将，兼管

并、冀、幽三州的军事，也充分发挥了他的文才武略。后来，他们在收复北方失地过程中立下了汗马功劳。

墨守成规

墨子是墨家学派的创始人，他主张兼爱和平，反对战争。

有一次，楚王调当时最有名的工匠公输班设计攻城的云梯。墨子经过打听才知道楚王想攻打宋国，他急忙从鲁国赶到了楚国的国都。

墨子对楚王说："听说您要攻打宋国，有这回事吗？"楚王说："有。"

墨子说："一定要有占领宋国的把握才能去攻打，如果打不赢，反而把事情搞坏。我认为您一定占领不了宋国的。"

楚王当然不相信他的话。

墨子说："那么，我制作守城的设备，请您叫公输班来攻，看他能不能攻进城，好不好？"

于是，公输班用他制造的云梯，攻打墨子守御的城，一连攻了九次，都被墨子打退了。后来，两人调换过来，公输班守城，墨子攻城，墨子一连攻了九次，攻破了九次。

楚王见公输班制造的器械并不能攻破墨子所守的城，就取消了攻宋的计划。墨子善于守城的故事，就演变为成语"墨守成规"。

成语接龙

灯红酒绿	绿惨红愁
愁肠九转	转危为安
安步当车	车水马龙
龙蛇飞动	动辄得咎
咎由自取	取法乎上，仅得其中
中原逐鹿	鹿死谁手
手疾眼快	快马加鞭
鞭辟入里	里通外国

成语释义

灯红酒绿 形容寻欢作乐的腐化生活，也形容都市或娱乐场所夜晚的繁华景象。

绿惨红愁 比喻哀愁伤怀。

愁肠九转 指重重忧愁萦绕心怀，久久不能释怀。

转危为安 由危险转为平安。（多指局势或病情）

安步当车 安：安详，不慌忙。安步：缓缓步行。慢慢地步行，就当是坐车。

车水马龙 车像流水，马像游龙，形容车马往来繁华的情景。

龙蛇飞动 形容书法气势奔放，笔力劲健。

动辄得咎 动不动就受到责备或处分。

咎由自取 灾祸或罪过是自己招来的。指自作自受。

取法乎上，仅得其中 以取上等的为准则，也只能得到中等的。指做事要高标准严要求。

中原逐鹿 鹿：指所要围捕的对象，常比喻帝位、政权。指群雄竞起，争夺天下。

鹿死谁手 以追逐野鹿比喻争夺天下，"不知鹿死谁手"表示不知道谁能获胜，现多用于比赛或竞争。

手疾眼快 疾：迅速。形容做事机灵敏捷。

快马加鞭 对快跑的马再打几鞭子，使它跑得更快，比喻快上加快。

鞭辟入里 形容能透彻说明问题，深中要害。

里通外国 暗中与外国勾结，进行背叛祖国的活动。

故事链接

车水马龙

东汉名将马援的小女儿马氏被选进宫，很受皇帝的宠爱。光武帝去世后，她就被立为皇后。马氏当了皇后，生活还是非常简朴。马氏知书达理，一次，明帝故意把大臣的奏章给她看，并问她应如何处理，她看后当场提出中肯的意见，但她从不干预朝政。

明帝死后，马氏被尊为皇太后。不久，汉章帝打算对皇太后的亲戚封爵，马太后明确表示反对。第二年，一些大臣又上奏说，今年大旱，是去年未封外戚的缘故。大臣们再次要求分封马氏舅父。

马太后还是坚持己见，并且发了诏书。诏书上说："凡是提出要对外戚封爵的人，都是想献媚于我。天大旱跟封爵有什么关系？要记住前朝的教训，宠贵外戚会招来倾覆的大祸。先帝不让外戚担任重要的职务，防备的就是这个。"诏书上还说，"我身为太后，还是食不求甘，穿着简朴，为的是以身作则，给外戚们做个榜样。可是，他们不反躬自问，反而笑话我太俭省。前几天我路过娘家住地濯龙园，见从外面到舅舅家拜访、请安的车子像流水那样不停地驶去，马匹往来不绝，好像一条游龙，招摇得很。看看我们的车子，比他们差远了。他们只知道自己享乐，根本不为国家着想，我怎么能同意给他们加官晋爵呢？"

安步当车

战国时期，齐国有位隐士名叫颜斶。齐宣王听说他很有名，就召见了他。

颜斶进宫后，齐宣王傲慢地说："颜斶，你过来！"颜斶不卑不亢地对齐宣王说："大王，你过来！"齐宣王很不高兴，旁边的大臣也都责怪颜斶。颜斶便说："如果我走到大王面前去，说明我羡慕他的权势；如果大王走过来，说明他礼贤下士。与其让我羡慕大王的权势，还不如让大王礼贤下士的好。"

齐宣王恼怒地问他："到底是大王尊贵，还是士人尊贵？"颜斶说："当然是士人尊贵！从前秦国进攻齐国的时候，秦王下令：谁敢在距离高士柳下惠坟墓五十步以内的地方砍柴，格杀勿论！另外还悬赏：谁能砍下齐王的脑袋，就封他为万户侯，赏金两万两。由此可见，一个活着的大王的头，还抵不上一个死去的士人的坟墓呢。"

齐宣王觉得自己理亏，便请求做颜斶的学生，并说："您和我在一起，食有美味，出必乘车，妻子儿女可以穿上华美的服装。"颜斶毫不动心，坚决辞谢："我还是希望让我回去，每天晚点儿吃饭，也像吃肉那样香；慢慢地走路，就当是坐车一样；不犯过错，就是保持自己的尊贵。清静无为，纯正自守，乐在其中啊！"颜斶说罢，告辞而去。

后来，人们就以"安步当车"表示不乘车而安然步行，又比喻安于现状，不求显贵。

成语接龙

国破家亡　　亡羊补牢

牢不可破　　破涕为笑

笑里藏刀　　刀山火海

海阔天空　　空前绝后

后生可畏　　畏缩不前

前车之鉴　　鉴影度形

形单影只　　只言片语

语不惊人　　人以群分

成语释义

国破家亡 国家覆灭，家人离散死亡。

亡羊补牢 羊丢失了才去补羊圈。比喻出问题后及时想办法补救，以免再受损失。

牢不可破 异常坚固，不可摧毁。也用于指人固执己见或保守旧习。

破涕为笑 涕：眼泪。止住眼泪，露出笑容。形容转悲为喜。

笑里藏刀 形容对人外表和气，而内心却阴险毒辣。

刀山火海 比喻极其危险和艰难的地方。

海阔天空 像大海一样辽阔，像天空一样无边。形容空间广阔。比喻言谈无边际，没有中心。

空前绝后 从前没有过，以后也不会再有。形容从古至今非常突出、独一无二。

后生可畏 后生：青年人，晚辈。畏：敬畏、佩服的意思。年轻的一辈可以超过老一辈，是令人敬畏的。

畏缩不前 畏惧退缩，不敢前进。

前车之鉴 前面车子翻倒的教训。比喻先前的失败，可以作为自己的鉴戒。

鉴影度形 观察、揣度人的形迹。

形单影只 只有自己的身体和自己的影子。形容孤独，没有同伴。

只言片语 个别的词句或片断的话语。

语不惊人 形容语句平淡，没有令人震惊的地方。

人以群分 人按照其品行、爱好而形成团体，因而能互相区别。指好人总跟好人结成朋友，坏人总跟坏人聚在一起。

故事链接

前车之鉴

贾谊是西汉时洛阳人，从小就有"神童"之称，十八岁时就已远近闻名了。汉文帝听说贾谊很有才华，就派人把贾谊请到京都担任博士。

有一次，贾谊上书给汉文帝，讲述治理国家的道理："秦朝的时候，宦官赵高教导秦始皇的次子胡亥，他不教胡亥治国之道，只教他怎样去处决囚犯，所以胡亥所学习的，不是斩杀犯人，就是怎样灭族。秦始皇死后，胡亥当上了皇帝。他在继位的第二天就杀人，有人以忠言劝告他，他认为是诽谤。他杀起人来，简直就像割草一样。难道胡亥天生就是这样残暴的吗？不是的。这完全是教导他的人教得不合理才造成的恶果呀！俗语说：'不熟悉做官的，只要看看他所办的公事成绩如何，就可以知道了！'俗语又说：'前车之覆，后车之鉴；看到前面的车子倒下来，后面的车子就应停下来，不应该再往前走。'秦朝灭亡的前车之覆，应该作为我们的后车之鉴呀！"

亡羊补牢

战国时期，楚襄王即位后，奸臣当道，政治腐败，楚国一天天衰落下去。大臣庄辛看到这种情况非常着急，总想好好劝劝楚襄王。但是楚襄王只顾享乐，根本听不进别人说的话。

有一天，庄辛实在忍不住了，对楚襄王说："你在宫里和一些人奢侈淫乐，不管国家大事，国家迟早有一天会灭亡啊！"

楚襄王听了大怒，骂道："你老糊涂了吧，竟敢这样诅咒楚国，说这些险恶的话惑乱人心！"庄辛不慌不忙地回答说："我实在感觉事情一定会到这个地步的，所以不敢故意说楚国有什么不幸。如果你一直宠信那些人，楚国一定会灭亡的。你既然不信我的话，请允许我到赵国躲一躲，看事情究竟会怎样。"就这样，庄辛见楚襄王不纳忠言，只好躲到了赵国。

庄辛到赵国才住了五个月，秦国果然派兵攻打楚国，楚国几乎没怎么抵抗就被秦国攻陷了都城。楚襄王惶惶如丧家之犬，逃到城阳城（今河南信阳市一带）。到这时，他想到庄辛的忠告，才觉得庄辛的话没错，于是，又悔又恨，便派人把庄辛迎请回来，说："过去因为我没听你的话，所以才会弄到这种地步，现在，你看还有办法挽救吗？"

庄辛说："主公果真有悔改之意吗？"

楚襄王说："我现在太后悔了，不知道现在迟不迟？"

庄辛说："那我给你讲一个故事吧！"于是，庄辛就讲道：

从前，有个人养了一圈羊。一天早晨，他发现少了一只羊，仔细一查看，原来是羊圈破了个窟窿，夜间狼钻进去，把羊叼走了一只。邻居劝他说："赶快把羊圈修一修，堵上窟窿吧！"那个人不肯接受劝告，反而说："羊已经丢了，还修羊圈干什么？"

第二天早上，他发现羊又少了一只。原来，狼又从窟窿中钻进去，叼走了一只羊。他很后悔自己没有听从邻居的劝告，便赶快堵上窟窿，修好了羊

圈。从此，狼再也不能钻进羊圈叼羊了。

楚襄王听完这个故事，就明白了庄辛的意思，于是他对庄辛说："庄爱卿，那么我们该怎么办呢？"

于是，庄辛给楚襄王分析了当时的形势，认为楚国都城虽被攻陷，但只要振作起来，改正过错，励精图治，为百姓解忧，那么百姓就又会有所依附，很快就能把秦军赶出楚国。楚襄王听了，便遵照庄辛的话去做，果真度过了危机，楚国也逐渐强盛起来。

补齐成语接龙中所缺的字。

国		牢	
	补		为
家		可	
	亡		破

成语接龙

CHENGYU JIELONG

分道扬镳	彪炳千秋
秋毫无犯	犯颜直谏
谏争如流	流连忘返
返老还童	童颜鹤发
发愤图强	强词夺理
理屈词穷	穷形尽相
相濡以沫	莫名其妙
妙手回春	春风得意

成语释义

分道扬镳 分路而行。比喻目标不同，各走各的路或各干各的事。

彪炳千秋 形容伟大的业绩流传千秋万代。

秋毫无犯 指军纪严明，丝毫不侵犯人民群众的利益。

犯颜直谏 敢于冒犯尊长或君主的威严而直言相劝。

谏争如流 直言相劝。劝谏的话如同流水一样，滔滔不绝。

流连忘返 比喻喜欢、迷醉某种事物而不愿忘记或离开。常形容对美好景致或事物的留恋。

返老还童 由衰老恢复青春。形容老年人充满了活力。

童颜鹤发 仙鹤羽毛似的雪白头发，孩子似的红润面色。形容老年人气色好。

发愤图强 决心奋斗，努力进取，谋求强盛。

强词夺理 指无理强辩，明明没理硬说成有理。

理屈词穷 理：道理，理由。屈：短，亏。穷：尽。由于理亏而无话可说。

穷形尽相 原指描写刻画细致生动，现在也用来指丑态毕露。

相濡以沫 泉水干了，鱼靠在一起用唾沫互相湿润。比喻一同在困难的处境里，用微薄的力量互相帮助。

莫名其妙 说不出其中的奥妙。指事情很奇怪，说不出道理来。

妙手回春 回春：使春天重返，比喻将垂危的病人治好。指医生医术高明。

春风得意 旧时形容考中进士后的兴奋心情。后形容职位升迁顺利或事业顺心时得意的样子。

故事链接

相濡以沫

庄子年轻时家中贫苦，经常吃不饱饭。

一天，妻子叫他去借点粮食。庄子穿着一件补丁摞补丁的粗布衣服出了门，去找监河侯借粮。

监河侯说："没问题，等秋天我把封邑的税金收上来后，再借三百金给你，足够了吧？"

庄子一听，气呼呼地回答道："我来的路上，看见道路上陷下去的车辙里，有几条鲫鱼在呼救，请我弄一瓢水救它们的性命，我满口答应了，告诉它们说等我从吴越游历回来时，引西江之水救它们。可是那几条鲫鱼却愤怒地告诉我，与其等我这么晚来搭救，还不如让我到干鱼摊上去找它们的尸体呢！"说罢，庄子连米也不借了，气愤地回到家里。

庄子的妻子责怪他没有多跑几个地方试试。庄子说："我自有我的道理。"他的妻子说："天大的道理也得吃饭呀，不吃饭，人总是要饿死的啊！"

庄子说："死和生是自然规律，就像白天与黑夜会轮流交替一样。河水干涸了，鱼儿们如果都能向对方身上吹些

132

潮湿的空气，或用彼此的唾液浸润对方的身体，那当然很好。如果不能，那就不如当初在水波浩渺的江湖里彼此忘记，各不关心……"

庄子的妻子知道他又钻进了"死胡同"，给他讲道理也不起什么作用，只好回到里屋暗自垂泪。

强词夺理

高阳应是春秋战国时代宋国的一位大夫。他天生喜欢辩论，有理没理都要强辩一番。有时别人明明有理，但嘴上就是说不过他，因此只好认屈。

有一次，他要兴建一幢房屋，于是派人在自己的封邑内砍伐了一批木材。这批木材刚一运到宅基地，他就找来工匠，催促其即日动工建房。工匠一看，地上横七竖八堆放的木料还是些连枝杈也没有收拾干净的、带皮的树干。树皮脱落的地方，露出光泽、湿润的白皙木芯；树干的断口处，还散发着一阵阵树脂的清香。这种木料怎么能马上用来盖房呢？所以，工匠对高阳应说："我们目前还不能开工。这些刚砍下来的木料含水太多、质地柔韧，抹泥承重以后容易变弯。初看起来，用这种木料盖的房子与用干木料盖的房子相比，差别不大，但是时间一长，用湿木料盖的房子容易倒塌。"

高阳应听了工匠说的话以后，冷冷一笑。他自作聪明地说："依你所见，不就是存在一个湿木料承重以后容易弯曲的问题吗？然而你并没有想到湿木料干了会变硬，稀泥巴干了会变轻的道理。等房屋盖好以后，过不了多久，木料和泥土都会变干。那时的房屋是用变硬的木料支撑着变轻的泥土，怎么会倒塌呢？"

工匠们只是在实践中懂得用湿木料盖的房屋寿命不长，可是真要说出个详细的道理，他们也感到为难。因此，工匠只好遵照高阳应的吩咐去办。虽然在湿木料上拉锯用斧、下凿推刨很不方便，工匠还是克服种种困难，按尺寸、规格搭好了房屋的框架。抹上泥以后，一幢新屋就落成了。开

始那段日子，高阳应对于很快就住上了新房颇感骄傲。他认为这是自己用心智折服工匠的结果。可是时间一长，高阳应的这幢新屋越来越往一边倾斜。他的高兴情绪也随之被忧心忡忡而取代。高阳应一家怕出事故，从这幢房屋搬了出去。没过多久，这幢房子就倒塌了。

故事中的高阳应，可谓强词夺理的典型。

补成语，看看是否熟悉，你能再讲个故事成语吗？

滥（　）充（　）　　掩（　）盗（　）　　守（　）待（　）

完（　）归（　）　　拔（　）助（　）　　狐（　）虎（　）

（　）公（　）龙　　（　）公（　）山　　（　）木（　）分

成语接龙

意犹未尽	尽力而为
为人师表	表里如一
一字之师	师出有名
名列前茅	茅塞顿开
开宗明义	义无反顾
顾名思义	义正词严
严阵以待	待价而沽
沽名钓誉	誉满天下

成语释义

意犹未尽 指还没有尽兴。

尽力而为 尽：全部用出。用全部的力量去做一件事。

为人师表 在人品、学问方面成为别人学习的榜样。

表里如一 表面和内心一致。形容言行和思想完全一致。

一字之师 借指能纠正一个错别字或指出某一字在文句中不妥当的老师。

师出有名 出兵必有正当的理由。后比喻做某事有充足的理由。

名列前茅 比喻名次列在前面。

茅塞顿开 原来心里像有茅草堵着，现在忽然打开了。形容思想忽然开窍，立刻明白了某个道理。

开宗明义 指说话、写文章一开始就讲明主要的意思。

义无反顾 在道义上只有勇往直前，绝对不能退缩回头。

顾名思义 从名称想到所包含的意义。

义正词严 道理正当公允，措辞严肃。

严阵以待 摆好严整的阵势，等待来犯的敌人。

待价而沽 等有好价钱才卖。比喻有好的待遇、条件才肯答应任职或做事。

沽名钓誉 沽：买。钓：用饵引鱼上钩，比喻骗取。用某种不正当的手段捞取名誉。

誉满天下 美好的名声天下皆知。

一字之师

郑谷是晚唐著名诗人，他从小聪明好学，7岁即能写诗，长大后他写的诗更负盛名，被广为传诵。

郑谷考中进士，当过几年官。但因为他内心对诗文的向往，以及对当官缺乏兴趣，甚至产生了厌倦情绪，于是他辞官回到宜春（今江西宜春）去隐居。他在那里读书写诗，经常与一些文人墨客在一起饮酒作诗，互相唱和，名气也越来越大，过得逍遥自在。

在当时众多的诗人中，有一个叫齐己的和尚，他很喜欢写诗，写得也很好，可以称为诗僧了。某年冬天，他在大雪后的原野上，看到傲雪开放的梅花，诗兴大发，创作了一首《早梅》，咏诵在冬天早开的梅花。诗中有两句这样写道："前村深雪里，昨夜数枝开。"写好后，他觉得非常满意。

过了几天，郑谷来串门。齐己和尚对他说："我写了几首诗，你给我指点一下怎么样？"

郑谷一首一首仔细地看着齐己的诗文，当他读到《早梅》这首诗时，不由得沉思起来，他思考了半天说："写得好，意境很好，情致也很高。但有一点，你写的是早梅，'前村深雪里，昨夜数枝开'。早梅就是早开的梅花，一般不会数枝开，数枝就是开了一片！我觉得应该把'数枝'改成'一枝'。'前村深雪里，昨夜一枝开'，这就显示出这梅花是最早绽放的了。"

齐己听了，惊喜地叫道："改得太好了！你真是我的一字之师啊！"说完，恭恭敬敬地向郑谷拜了一拜，并向郑谷表示由衷的感谢。因为郑谷只提出了一个字的修改意见，堪称老师，所以叫一字之师。

义无反顾

西汉时，司马相如擅长辞赋，很得汉武帝的赏识。

当时，巴蜀百姓因为不满中郎将唐蒙的所作所为，而发生了骚乱。

武帝就让司马相如去劝责唐蒙，又让他写一篇安民文告。

司马相如在文告中有一段是这么写的：

在国家发生动乱的时候，有人不知道国家的法令制度，由于惊恐而逃亡或自相残杀是不对的。士兵作战的时候，应该迎着刀刃和箭镝而上，绝不容许回头，宁可战死也不能逃跑。你们应该急国家之难，尽人臣之道。

"义无反顾"就是从这一文告中引申而来的。

选择正确的字义，把正确选项填在括号里。

① "大喜过望"的"望"的意思是（   ）

　　A.心愿　　B.看

② "耳熟能详"的"熟"的意思是（   ）

　　A.成熟　　B.熟悉

③ "恶贯满盈"的"盈"的意思是（   ）

　　A.充满　　B.多余

 成语接龙游戏

成语接龙

CHENGYU JIELONG

下不为**例**　　**例**行公**事**

事半功**倍**　　**倍**日并**行**

行云流**水**　　**水**滴石**穿**

穿壁引**光**　　**光**明正**大**

大材小**用**　　**用**心良**苦**

苦口婆**心**　　**心**花怒**放**

放浪形**骸**　　**骇**人听**闻**

闻一知**十**　　**十**年树木，百年树**人**

成语释义

下不为例 下一次不能援例，表示只通融这一次。。

例行公事 按照惯例处理的公事，多借指只重视形式，不讲实效的工作。

事半功倍 形容花费的气力小，收到的成效大。

倍日并行 日夜赶路。

行云流水 比喻自然不拘执（多指文章、歌唱）等。

水滴石穿 比喻力量虽小，只要坚持不懈，事情就能成功。

穿壁引光 凿通墙壁，引进烛光。形容家贫而读书刻苦。

光明正大 形容襟怀坦白，行为正派。

大材小用 大的材料用在小处。多指人事安排上不恰当，屈才。

用心良苦 很费心思地反复思考。

苦口婆心 劝说不辞烦劳，用心像老太太那样慈爱，形容怀着好心再三恳切劝告。

心花怒放 形容内心高兴极了。

放浪形骸 行为放纵，不受世俗礼法的束缚。

骇人听闻 使人听了非常吃惊（多指社会上发生的坏事）。

闻一知十 听到一点就能理解很多。形容人聪敏，善于类推。

十年树木，百年树人 比喻培养人才是长久之计。也形容培养人才很不容易。

事半功倍

　　孟子与公孙丑就当时天下统一的问题各抒己见,进行了一番讨论。

　　孟子说:"谈到如何统一天下,周文王是个很好的榜样。周文王能以方圆一百里的小国为基础,施行仁政,励精图治,建立了泱泱大国,实在值得赞颂!"

　　"不错,"公孙丑说,"如今百姓都在受着暴政的折磨,像齐国这样土地辽阔、人口众多的大国,如果能施行仁政,那对百姓来说真是一件善事呀!"

　　"是的,"孟子点了点头,"齐国国土辽阔,庶民庞杂,如果能施行仁政,那么只需用古人一半的措施,就能收到双倍的功效。"

143

大材小用

辛弃疾曾拜当时著名的田园诗人刘瞻为师，并和党怀英两人同是刘瞻最得意的学生。有一次，刘瞻问他们两人道："孔子曾经要学生谈各人的志向，我也问问你们将来准备干什么。"党怀英回答说："读书为了做官，为了取得功名，光宗耀祖。我一定要到朝廷里去做大官；如果做不了官，就回家隐居，学老师的样子写田园诗。"

刘瞻听了很高兴，连连称好，认为他的志向很高洁。辛弃疾却回答说："我不想做官，我要用词写尽天下的贼，用剑杀尽天下的贼！"刘瞻听了大吃一惊，要辛弃疾今后不要再说这样荒唐的话。此后，辛、党两人的生活道路截然不同：辛弃疾英勇地投身到抗金的战场，以爱国词人著称于世；而党怀英则混迹于金人统治集团，为金人作了一些帮闲乃至帮凶的工作。

金人南下后，辛弃疾组织了两千多人的队伍在故乡起义。后来，又率领队伍投奔济南府农民耿京组织的起义军。不久，起义军接受朝廷任命，与朝廷的军队配合作战，打击金军。但由于投降派的排挤和打击，辛弃疾后来曾长期闲居在江西上饶一带。1203年春，才被任命为绍兴府

知府兼浙江东路安抚使。这一年,辛弃疾已经六十四岁了。

绍兴西郊有一处地方叫三山,当时著名的爱国诗人陆游就在那里闲居。陆游比辛弃疾大十五岁,当时快八十岁了,他的爱国诗句早已为辛弃疾所景仰,因此辛弃疾到任不久,就去拜访了这位前辈,两人一起议论国家大事,相见恨晚。

次年春天,宋宁宗降下圣旨,要辛弃疾到京城临安去,征询他对北伐金国的意见。辛弃疾把这件事告诉陆游,陆游觉得这是辛弃疾施展才能的好机会,为他感到高兴。为了鼓励辛弃疾发挥自己的才能,陆游特地写了一首长诗赠给他。诗的主要意思是:辛弃疾是古代大政治家、军事家管仲、萧何一类的人物,现在当浙江东路安抚使,实在是把大的材料用在小处;鼓励他为恢复中原而努力,千万不要因为受到排挤不得志而介意。六十六岁那年,这位始终被大材小用的爱国英雄,在忧愤中去世了。

按要求挑出成语,并填在方框里。

| 心急如焚 | 誓不罢休 | 抓耳挠腮 | 当机立断 |
| 如坐针毡 | 斩钉截铁 | 大刀阔斧 | 忐忑不安 |

描写焦急不安的

描写果断坚决的

成语接龙

CHENGYU JIELONG

人言可**畏**   **畏**首畏**尾**

尾大不**掉**   **掉**以轻**心**

心口如一   一毛不**拔**

拔苗助**长**   **长**歌当**哭**

哭天抹**泪**   **泪**如雨**下**

下笔千**言**   **言**不由**衷**

中流砥**柱**   **柱**石之**坚**

坚甲利**刃**   **刃**迎缕**解**

成语释义

人言可畏　言：指流言蜚语。在背后议论或诬蔑的话很可怕。

畏首畏尾　畏：害怕，畏惧。怕这怕那，形容疑虑过多。

尾大不掉　掉：摇动。比喻机构下强上弱，或组织庞大、涣散，以致指挥不灵。

掉以轻心　表示对某种问题漫不经心，不当回事。

心口如一　心里想的和嘴上说的一样，形容诚实直爽。

一毛不拔　一根汗毛也不肯拔。原指杨朱的极端为我主义。后形容为人非常吝啬。

拔苗助长　比喻违反事物的发展规律，急于求成，反而坏事。

长歌当哭　以放声歌咏代替哭泣，多指用诗文抒发胸中的悲愤。

哭天抹泪 哭哭啼啼的样子（多含厌恶之意）。

泪如雨下 哭得眼泪像雨水似的直往下流。形容悲痛或害怕至极。

下笔千言 一动笔就写成上千言的文章。形容文思敏捷，写作迅速。

言不由衷 说的话不是从内心发出来的，指心口不一致。

中流砥柱 比喻坚强的、能起支柱作用的人或力量。

柱石之坚 像柱石一样坚硬。比喻大臣坚强可靠，能担负国家重任。

坚甲利刃 坚固的铠甲，锐利的兵刃。形容精锐的部队。

刃迎缕解 用刀一切，线就断开了。比喻顺利解决。

拔苗助长

宋国有一个农夫，他担心自己田里的禾苗长不高，就天天到田边去看。可是，一天、两天、三天，禾苗好像一点儿也没有往上长。他在田边焦急地转来转去，自言自语地说："我得想办法帮它们长高。"

这天，他在田边，看到一棵斜着的禾苗，就顺手把它拔起来重新栽好。他一看刚栽的禾苗比其他的禾苗高了一截，心想："禾苗长不高，我可以把它们拔高啊！"

于是，他开始把禾苗一棵棵地拔起，从早上一直忙到太阳落山，累得精疲力竭。

回家之后，他还自鸣得意地把今天的事讲给他儿子听，觉得自己的辛苦没有白费，一天之内，就帮助禾苗长了一大截，可他儿子去田边一看，禾苗都枯死了。

后来，孟轲借用这个故事向他的学生们说明：违反事物发展的客观规律而主观地急躁冒进，就会把事情弄糟。

人言可畏

古时候，有个名叫仲子的年轻人，他爱上了一个姑娘，想偷偷地去她家和她幽会。姑娘因自己的爱情还没有得到父母的同意，怕父母知道后责骂自己，所以极力要求恋人别这样做。于是，她对他唱道：

请求你仲子呀，

别爬我家的门楼，

不要把我种的花树给弄折了。

并非是我舍不得树，

而是我害怕父母说话。

仲子，我也在思念你，

只是怕父母要骂我呀！

姑娘想起哥哥们知道了这件事也会责骂她，便接着唱道：

请求你仲子呀，

别爬我家的墙，

不要把我种的桑树给弄折了。

并非我舍不得树，

而是害怕哥哥们说话。

仲子，我也在思念你，

只是怕哥哥们要骂我呀！

姑娘还害怕别人知道这件事会风言风语地议论她，于是再唱道：

请求你仲子呀，

别爬我家的后园，

不要把我种的檀树给弄折了。

并非我舍不得树，

而是害怕人家说话。

仲子, 我也在思念你,
只是怕人家风言风语地议论我呀!
这正可谓:"人之多言, 亦可畏也!"

将下列成语补充完整。

非同小( ) 歌可( ) 不成( ) 泪俱( ) 不为
( ) 行公( ) 必躬( ) 密无( ) 不容( ) 扬
光( ) 步流( ) 罗棋( ) 衣之( ) 头接( )
聪目( ) 目张( ) 大妄( ) 民除( ) 群之
( ) 到成功

成语接龙

CHENGYU JIELONG

解弦更张	张冠李戴
戴罪立功	功成身退
退避三舍	舍己为人
人鼠之叹	叹为观止
止于至善	善人义士
士别三日	日新月异
异口同声	声罪致讨
讨价还价	价值连城

成语释义

解弦更张 改换、调整乐器上的弦，使声音和谐。比喻改革制度或变更计划、方法。

张冠李戴 把姓张的帽子戴到姓李的头上。比喻认错了对象或弄错了事实。

戴罪立功 带着罪过或错误去建立功劳，以功赎罪。

功成身退 指功业有成就之后，就自行隐退，不再复出。

退避三舍 舍：古时行军三十里为一舍。主动退让九十里。比喻主动退让和回避，避免冲突。

舍己为人 原指放弃自己的见解，去附和别人。现指舍弃自己的利益去帮助别人。

人鼠之叹 感叹人与人之间的地位悬殊。

叹为观止 叹：赞赏。观止：看到这里就够了，不必再看别的。指赞美所见到的事物好到了极点。

止于至善 止：达到。至：最，极。指达到极完美的境界。

善人义士 心地善良的人，有仁德道义的人。

士别三日 后常和"刮目相待"连用。指分别后，对方进步很快，再相见时，当另眼相看。

日新月异 每天都在更新，每月都有变化。指发展或进步迅速，不断出现新事物、新气象。

异口同声 不同的人嘴里说出相同的话。形容众人的意见或说法完全一致。

声罪致讨 声：宣布。讨：讨伐。宣布罪状，并且去讨伐。

讨价还价 买卖双方反复争议价格。也比喻在进行谈判时反复争议，或接受任务时讲条件。

价值连城 连城：连在一起的许多城池。形容物品十分贵重。

退避三舍

　　春秋时期，晋献公宠爱妃子骊姬。骊姬为了让自己的儿子继承王位，就逼死了太子申生，晋献公的另外两个儿子重耳和夷吾也被迫流亡到国外。

　　晋献公死后，晋国内乱，夷吾回国夺取了君位，就派人追杀重耳。不久，重耳逃到了楚国，楚成王非常欣赏重耳的才能，就热情地接待了他。

　　有一次，楚成王在宴席上开玩笑地对重耳说："公子以后要是回到晋国当上国君，将怎样报答我呢？"重耳说："要是托大王的福，有一天我能够回到晋国当上国君，我愿意和贵国发展友好关系。万一两国发生战争，交战的时候，我一定令晋国军队后退三舍。"

　　古时候行军，以三十里为一舍，三舍就是九十里。楚成王听完，哈哈一笑，也没怎么在意。

　　后来，夷吾死了，重耳果然回到晋国当上了国君，也就是历史上有名的晋文公。

　　他即位以后，整顿内政，发展生产，晋国渐渐强大起来。后来，晋楚之间真的发生了战争。交战的时候，晋文公果

真兑现了自己的诺言,命令晋国军队后撤九十里。

晋国军队退到城濮,在这里与楚军展开大战,结果仍大败楚军。

人鼠之叹

李斯是战国末年楚国上蔡(今河南上蔡)人,曾担任秦朝丞相。

李斯年轻的时候做过郡县掌管文书的小吏。有一次上厕所的时候,他无意中发现很多老鼠以脏东西为食物,但当它们遇到人或者狗时,就惊恐万分,仓皇逃窜。

后来,李斯在仓库也看到过老鼠,粮仓里的老鼠吃着堆积如山的粮食,生活在大堂周围的房间里,很少看到它们受到人或狗的惊扰。

厕鼠、仓鼠境遇不同,也表现出了不同的生活态度,前者诚惶诚恐,后者安然闲适。

这些原本被人忽略的现象,使李斯联想到自己的处境,另有一番感叹:"人是出人头地,还是甘愿人后,就像老鼠一样,就看他处于什么环境中了。"

这个发现改变了李斯的命运。他觉得自己当着掌管文书的小吏就像厕鼠一样,每天谨小慎微,害怕自己出错,每天惶惶不安,却没有什么发展前途。

李斯不甘人后,他希望自己能成为仓鼠,拥有如仓鼠一样的境遇。从此,他暗自下决心要刻苦学习,改变自己,并做出一番成就,名垂青史。

于是,他毅然辞去小吏的职务,历经磨难,忍受着贫穷和饥饿,风餐露宿,辗转到齐国拜儒学大师荀子为师,学习治理国家的学问。

李斯完成学业后,没回楚国,而是辞别恩师荀子,往西投奔强盛的秦国。凭借自己的抱负和学识,李斯最终成为秦国丞相。

成语接龙

CHENGYU JIELONG

城门失火，殃及池鱼

鱼死网破　　破釜沉舟

舟中敌国　　国无宁日

日以继夜　　夜郎自大

大智若愚　　愚公移山

山盟海誓　　誓不罢休

休戚相关　　关怀备至

至高无上　　上善若水

水底捞月

成语释义

城门失火，殃及池鱼 用护城河的水救火，水用完了，鱼也死了。比喻无故受连累而遭到损失。

鱼死网破 鱼被网住后拼命挣扎，结果鱼也死了，网也破了。比喻两败俱伤，同归于尽。

破釜沉舟 把锅打破，把船沉没，不打胜仗绝不活着回来。比喻不留退路，下决心不顾一切地干到底。

舟中敌国 同船的人都成了敌人。比喻众叛亲离。

国无宁日 宁：安宁。国家没有太平的时候。

日以继夜 白天连着夜晚。形容日夜不停，忙碌勤奋。

夜郎自大 比喻无知而又狂妄自大。

大智若愚 极有才智的人不露锋芒，看起来好像很愚笨。

愚公移山 比喻有十分坚强的毅力和不怕困难、知难而进的精神。

山盟海誓 盟：订立盟约。誓：发誓。指男女相爱时，指着山和海盟誓，表示要像山和海一样永恒不变。

誓不罢休 发誓不达目的绝不停止。

休戚相关 休：欢乐，吉庆。戚：悲哀，忧愁。忧喜、福祸彼此相关联。形容关系密切，利害相关。

关怀备至 关心得无微不至。

至高无上 至：最。高到顶点，再也没有更高的了。

上善若水 上善：最完美，这里指具有最完美道德的人。具有最完美道德的人跟水一样，造福于万物却不与万物相争。

水底捞月 比喻去做根本做不到的事情，只能白费力气。

愚公移山

古时候在冀州以南、河阳以北有两座大山,一座叫太行山,一座叫王屋山。山北面住着一位叫愚公的老人,快90岁了。他每次到南面去很不方便。

他把全家人召集起来,说:"我们一起搬掉太行山和王屋山,修一条通向南方的大道,你们说好吗?"大家都表示赞成,但愚公的老伴提出了疑问:"我们大家的力量加起来,还不能搬移一座小山,又怎能把太行、王屋两座大山搬掉呢?再说,那些挖出来的泥土和石块放到哪里去呢?"讨论后,大家认为可以把挖出来的泥土和石块扔到渤海边和北方更远的地方。

第二天,愚公带着儿孙们开始挖山。虽然一家人每天挖不了多少,但他们还是坚持挖。

有个叫智叟的老人劝愚公:"你这样做太不聪明了,凭你有限的精力,又怎能把这两座山挖平呢?"愚公回答说:"你自以为聪明,实际上是思想顽固。即使我死了,还有我的儿子。儿子死了,还有孙子,孙子又生孩子,孩子又生儿子。子子孙孙、世世代代是没有穷尽的,而山却不会

再增高，为什么挖不平呢？"

一天，山神见愚公他们挖山不止，便向天帝报告了这件事。天帝被愚公的精神感动了，派了两个大力神下凡，把两座山背走了。

破釜沉舟

秦朝末年，秦朝大将章邯在一次战役中大败楚军，接着带领大军去攻打赵国，并攻下了赵国的都城邯郸，赵王带着赵军退到巨鹿。

章邯率秦军把巨鹿包围起来。赵王急忙派人去向楚怀王求救。项梁是项羽的叔父，因轻敌被章邯打败战死。项羽急着想为他报仇，就要求领兵前去。楚怀王就派宋义为上将军，项羽为副将，带领二十万大军到巨鹿去救赵军。

宋义想让秦军与赵军先打起来，等他们两败俱伤的时候再发动进攻，就把部队驻扎在安阳，按兵不动。

项羽为叔父报仇心切，就对宋义说："秦军包围了巨鹿，情况非常紧急。我们应该赶快渡河过去，与赵军内外夹击，一定能打败秦军。"

宋义根本不把项羽放在眼里，坚持要等秦军和赵军打了以后再说。并且对项羽说："上阵打仗，我不如你，但说到运筹帷幄，出谋划策，你就不如我了。"还下了一道命令："军中将士有不服从命令的，按军法

处死！"

这道命令明显是冲着项羽来的，项羽气得要命。当时已是冬天，又赶上下雨，军营里粮食也没有了，士兵们挨冻受饿，都埋怨起来，军心很不稳定。

项羽趁此机会，鼓动士兵，然后找机会把宋义杀了。楚怀王得到消息后也没有办法，只好让项羽担任上将军。

项羽马上派一支部队做先锋，渡河过去进攻秦军。然后，自己亲自率领主力渡河。渡河以后，他又命令士兵只带三天的干粮，把军队里做饭的锅全砸了，把渡河的船也全部击沉，然后对将士们说："我们这次是只能进，不能退，三天之内一定要打败秦军！"

项羽的勇气和决心鼓舞了全军将士，马上向楚军发动进攻。将士们个个士气振奋，英勇无比，经过几次激烈的战斗，把秦军打得大败。

这就是著名的"巨鹿之战"。巨鹿之战以后，项羽赢得了威信，被拥立为各路反秦军队的领袖。

按要求挑出成语，并填在方框里。

| 甘拜下风 | 心花怒放 | 奉若神明 | 称心如意 |
| 肃然起敬 | 心满意足 | 五体投地 | 喜笑颜开 |

描写高兴满意的　　　　　　　描写钦佩敬仰的

成语接龙

月明如水	水落石出
出生入死	死灰复燃
燃眉之急	急流勇退
退位让贤	贤否不明
明镜高悬	悬梁刺股
股肱之臣	臣心如水
水涨船高	高不可攀
攀龙附凤	凤毛麟角

成语释义

月明如水 月光皎洁柔和，如同闪光而缓缓流动的清水。形容月色美好。

水落石出 水落下去，水底的石头就露出来。比喻事情的真相完全显露出来。

出生入死 原意是从出生到死去。后形容冒着生命危险，不顾个人安危。

死灰复燃 熄灭的灰重新烧起来。指失势的人重新得势。也比喻消失了的事物又重新活跃起来。

燃眉之急 燃：烧。火烧眉毛那样紧急。形容事情非常急迫。

急流勇退 在急流中勇敢果断地退却。比喻仕途顺利或事业有成时及时引退，以保全自己。

退位让贤 从现在的位置上退下来，让更贤明的人来坐。

贤否不明 贤否：好坏。好和坏不能分辨。指不明是非好坏。

明镜高悬 比喻官员判案公正廉明。也比喻目光锐利，明察、洞识。

悬梁刺股 把头发悬挂在房梁上，用锥子刺大腿来防止睡着。形容刻苦学习。

股肱之臣 指辅佐帝王的重臣。比喻得力的助手与亲信。

臣心如水 臣子的心地洁净如水。形容为官清廉或为人清静自如。

水涨船高 比喻事物随着它所凭借的基础的提高而相应地提高。

高不可攀 攀：抓住高处向上爬。形容难以达到。也形容人高高在上，难以接近。

攀龙附凤 指巴结投靠有权势的人以获取富贵。

凤毛麟角 凤凰的羽毛，麒麟的角。比喻珍贵而稀少的人或物。

悬梁刺股

战国时期，有个著名的纵横家，名叫苏秦。他在出名之前读书非常刻苦。到了晚上，有时疲倦得想打瞌睡，他就用冷水冲头。到后来，冷水也不管用了，他就把锥子放在身边，一打瞌睡，就用锥子刺自己的大腿。鲜血流出来，他也痛醒了，就又继续读书。

经过几年的苦读，苏秦终于掌握了丰富的知识，兵法也更加精通了，对各国的政治、经济、军事等情况也了如指掌。于是，苏秦决定出去游说，终于成为一名大纵横家。

到了西汉时期，也出了一个像苏秦一样靠苦读成才的人物，他的名字叫孙敬。他如饥似渴地学习，夜以继日地刻苦读书，有时累了，一边读书，一边就打瞌睡。他想了很多方法来刺激自己，都不怎么有效果。到后来他找来一根绳子，把绳子的一头拴在房子的横梁上，另一头绑住自己的头发。这样，他只要一打瞌睡，头往下栽时，绳子就会拉住头发，非常疼，睡意马上就消失了，他又打起精神读书。功夫不负有心人，他后来终于成为一名知识非常丰富的大学问家。

"悬梁刺股"就是把头发悬吊在房梁上，用锥子刺大腿，形容刻苦学习到了极点。

凤毛麟角

南朝宋代的著名诗人谢灵运，才思敏捷，文章让人爱不释手。他的孙子谢超宗，也极有文才，颇有名望。

谢超宗曾担任新安王刘子鸾的常侍，王府中的文告函件都出自他的手笔。新安王的母亲殷淑仪去世后，谢超宗撰写的悼词非常精彩，孝武帝读过以后大加赞扬，对左右说："谢超宗真是有凤毛呀，天下又出了一个谢灵运！"

当时，右卫将军刘道隆也在座。行武出身的刘道隆不懂得凤毛是什么意思，当他听孝武帝夸谢超宗有凤毛就误以为谢超宗真有凤凰的羽毛。于是他就跑到谢家，央求说："听说你有稀奇物件凤毛，快让我看看！"

谢超宗不明来意，反问道："我这样一个贫寒之家，能有什么稀罕之物呢？"

刘道隆以为他是故意珍藏，就自己找寻起来，找了半天，也没有找到什么凤毛。他自言自语地说："早上，陛下说你有凤毛啊，怎么找不到了呢？"

谢超宗接着说："像凤毛麟角这样珍贵的宝物，我哪里有啊！"

从此，这个笑话广为流传，"凤毛麟角"这个成语便由此转化而来。

成语接龙

CHENGYU JIELONG

角弓反**张**	**张**大其**事**
事倍功**半**	**半**推半**就**
就实论**虚**	**虚**怀若**谷**
古往今**来**	**来**日方**长**
长年累**月**	**月**白风**清**
清心寡**欲**	**欲**擒故**纵**
纵横交**错**	**错**综复**杂**
杂沓而**至**	**至**死不**渝**

成语释义

角弓反张 比喻思想顽固不化，不可救药。

张大其事 张：夸张。把原来的事情故意夸大。形容言过其实。

事倍功半 指费力大，收效小。

半推半就 推：抵拒。就：迎上去。一面推辞一面靠拢上去。形容装腔作势、假意推辞的样子。

就实论虚 实：指具体工作。形容通过具体事情来看政治、方向、路线，还有人的立场和人生观。

虚怀若谷 虚：谦虚。谷：山谷。胸怀像山谷一样深广。形容十分谦虚，能容纳别人的意见。

古往今来 从古代到现在。泛指很长一段时间。

来日方长 来日：未来的日子。将来的日子还很长。表示将来大有可为或以后还有机会。

长年累月 长年：整年。累月：很多个月。形容经过了很多年月。

月白风清 月色皎洁，微风清凉。形容幽静美好的夜晚。

清心寡欲 保持心地清净，减少欲念。

欲擒故纵 擒：捉。纵：放。故意先放开他，使他放松戒备，充分暴露，然后再把他捉住。

纵横交错 横的竖的交叉在一起。形容许多事物相互交错或情况复杂。

错综复杂 形容头绪繁多，情况复杂。

杂沓而至 杂沓：纷杂繁多的样子。指从四面八方纷纷而来。

至死不渝 至：到。渝：改变。直到死都不会改变。

欲擒故纵

欲擒故纵中的"擒"和"纵"是一对反义词。在军事上,"擒"是目的,"纵"是方法。古人有"穷寇莫追"的说法。实际上,不是不追,而是看怎样去追。把敌人逼急了,它就会集中全力,拼命反扑。不如暂时放松一步,使敌人丧失警惕,斗志松懈,然后再伺机而动,歼灭敌人。诸葛亮七擒孟获,就是军事史上一个"欲擒故纵"的绝妙战例。

蜀汉建兴三年,诸葛亮率军进攻南中,平定南方少数民族的叛乱,攻无不克,战无不胜。他听说他们的渠帅中有个叫孟获的人,少数民族和汉族的人民都佩服他、尊敬他,所以诸葛亮悬赏将士生擒孟获。

等到抓住孟获以后,诸葛亮让他观看蜀汉大军的兵营、战阵,问他说:"这样的军队怎么样?厉不厉害?"孟获回答说:"之前不知道您军队的虚实,所以打败了。现在我知道了您军队的实力不过如此,在我看来,是很容易战胜的。"

诸葛亮放了孟获,让他组织军队

再战。如此这般，放了七次又活捉了七次，然而诸葛亮仍然放孟获回去再战。孟获不肯走了，说："您真是天威啊！我们绝不再造反了。"就这样，南中平定了，并全部任用本地民族的将帅担任官吏。

虚怀若谷

张元素和刘完素同是宋代名医，两人姓不同，名字却有相似之处，因此常常引起别人的误会，以为刘完素就是张元素。也有人以为他们是师徒，有时候病人找张元素看病，结果找到的是刘完素；相反的，找刘完素看病的也会找到张元素，因此，引起了两人之间的争论与不睦。两人所开的处方虽然各有不同，但是他们都是药到病除的高手，但同行相嫉，谁也不服谁。

有一天刘完素患了伤寒，卧床八日不起，一直头痛、发热、呕吐。然而，自己配的药吃了却不管用。张元素听到这个消息，就到刘完素住的地方探视病情，并要给他看病。刘完素刚开始有些顾虑，心想：自己也是名医，如果自己的病被张元素治好了，名望岂不是受损？但是，他又想到：平时自己一直提倡互相学习，怎么到了这个时候反而糊涂了呢？于是，他改变了态度，诚恳地请张元素诊断，吃了张元素的药，病很快就痊愈了。

三日过后，张元素又来看刘完素，刘完素再三致谢，并推举张元素才是当代的神医。从此以后，刘完素与张元素结为知心朋友。

成语接龙

CHENGYU JIELONG

逾规越**矩**	**矩**步方**行**
行不知**往**	**往**者不**追**
追名逐**利**	**利**令智**昏**
昏天暗**地**	**地**老天**荒**
荒诞不**经**	**经**久不**息**
息事宁**人**	**人**才辈**出**
出其不**意**	**意**气用**事**
事过境**迁**	**迁**怒于人

成语释义

逾规越矩 指说话或处事超越规矩。

矩步方行 行走时步伐端方合度。指行为举止合乎礼仪规范。

行不知往 行：走。不知道走向何方。指行动不能自主，只能听任摆布。

往者不追 追：追回来。对于那些过去了的事和离开了的人，一概不去刻意追回来。

追名逐利 追：追求。追求名和利。

利令智昏 令：使。智：神智。昏：神智不清。贪图私利而使头脑发昏，失去理智。

昏天暗地 形容天色昏暗。也比喻社会黑暗，混乱不堪。

地老天荒 指经历的时间极久。

荒诞不经 荒诞：荒唐离奇，极不真实。不经：不合正常的情理。形容荒唐离奇，不合情理。

经久不息 经：经过。息：停息。经过了很长时间也不停息。

息事宁人 原指不生是非，不骚扰百姓。后指调解纠纷，使事情平息下来，彼此相安。也指在纠纷中自行让步，减少麻烦。

人才辈出 辈出：一批一批地出现。形容有才能的人不断地大量涌现。

出其不意 其：代词，指对方。不意：没有料到。在对方没有料到的时候就采取行动。

意气用事 意气：主观偏激的情绪。用事：行事。指人缺乏理智，只凭一时的冲动和情绪办事。

事过境迁 境：境况。迁：改变。事情已经过去，环境也变了。

迁怒于人 把对一个人的怒气发到另一个人身上，或自己不如意时拿别人出气。

故事链接

利令智昏

赵胜是战国时赵国人，他聪明过人，为赵国立下了许多功劳。起初，他的封地是平原县，因此被称为"平原君"。平原君有时不能识大体，常常被眼前的利益蒙住了双眼，致使赵国蒙受了重大的损失。

公元前262年，秦国派大将军白起率领人马攻打韩国。秦军先占领了韩国的野王（今河南沁阳），这里是韩国的上党同内地之间的重要通道。野王被占，上党受到孤立，上党的郡守冯亭说："上党眼看就保不住了，我们与其投降秦国，不如投降赵国。赵国得到上党后，秦国肯定会进攻赵国。那时，赵国受到攻击，必然求韩国援助，赵国和韩国联合起来，就可以抵挡住秦国了。"

于是，冯亭派人带着上党的地图去见赵孝成王，要把上党献给他。这时，平阳君赵豹认为，无缘无故收下这块地方不好，最好不要接受。但平原君赵胜认为，不费吹灰之力就能得到这块地方，没有什么不好，应该接受。最后，赵孝成王便派平原君把上党这块地方接收了过来，并封冯亭为"华阳君"。

赵国接收上党地区后，立即激起了秦国的愤怒，秦国便派白起率领军队攻打赵国。赵国的四十万大军被围困在长平，最后全军覆没。

意气用事

历史常常因为一些并不重要的事而改变。

正当拿破仑以不可一世的气势横扫欧洲时，美国的富尔顿却兴致勃勃地前来推销他的新产品——蒸汽动力船。当时拿破仑的海军已经很庞大了，只是舰船大都是木制的，航行时靠风帆作动力装置。而他的对手英国人早就用上了蒸汽动力船，这使他与英国人对阵时，常常感到英雄气短。

拿破仑对蒸汽动力船的全新装置很感兴趣。然而，富尔顿在滔滔不绝的讲演中，一不留神说错了话，他说，拿破仑运用他的蒸汽船旗开得胜时，就是世界上最高大的人了。拿破仑的个子很小，平时最忌讳别人议论人的高矮，于是，他就断然拒绝了富尔顿的建议。

1812年，英国人购买了富尔顿的动力船后，更加巩固了它海上霸权的地位，而法国则被远远地抛在了后面。

为了一句不爱听的话，而拒绝了一个胜利的机会。你一定会觉得拿破仑做得实在愚蠢，但我们在生活中，是不是也犯过类似的错误，为了一时的意气去做傻事呢？

填一填。

爱	□	胆	□
憎	张		失
分	目	心	慌
□	明	□	惊

措	□	士	
手	之	别	途
不	门	三	暮
□	及		日

成语接龙

人迹罕至	至理名言
言必信，行必果	果不其然
然然可可	可歌可泣
泣不成声	声泪俱下
下里巴人	人多势众
众口铄金	金屋藏娇
娇生惯养	养精蓄锐
锐不可当	当务之急

成语释义

人迹罕至 人的足迹很少到达。指荒凉偏僻，很少有人去。

至理名言 至：最。名：著名。指包含有最正确的道理的著名言论。

言必信，行必果 信：守信用。果：果断，坚决。说话一定守信用，做事一定果断办到。

果不其然 果然如此。指事物的发展变化跟预料的一样。

然然可可 然然：是的。可可：表示准许。对什么都点头称是。比喻处世的态度唯唯诺诺。

可歌可泣 泣：流泪。值得歌颂、赞美，使人感动得流泪。形容英勇悲壮，感人至深。

泣不成声 哭得直到哭不出声音。形容非常伤心。

声泪俱下 一边说一边哭。形容极其悲恸。

下里巴人 原指战国时期楚国民间流行的一种歌曲。比喻通俗的文学艺术作品。

人多势众 人多了，声势就大。

众口铄金 铄：熔化。形容舆论力量大，连金属都能熔化。也比喻人多嘴杂，足可以混淆是非。

金屋藏娇 本指汉武帝喜爱阿娇，并欲以金屋藏之。后泛指对妻妾特别宠爱。也指男人有外宠或纳妾。

娇生惯养 娇：爱怜过甚。惯：纵容，放任。从小就被溺爱、娇养，在宠爱中长大。

养精蓄锐 养：保养。精：精神。蓄：积蓄。锐：锐气。保养精神，蓄积力量。

锐不可当 锐：锐气。当：抵挡。形容勇往直前的气势不可抵挡。

当务之急 当前事务中最急切要办的事。

金屋藏娇

长公主刘嫖有一个女儿，名叫阿娇。阿娇长得活泼可爱，亲友们都非常喜欢她。

那时，刘彻（后来的汉武帝）也才几岁，长公主很喜欢这个聪明的侄子，便逗他说："你要不要媳妇？"

说着，指着身边侍立的一个女子："要她做你的妻子，好吗？"

刘彻说："不要。"长公主身边的人有一大堆，公主一个个指过去问刘彻，刘彻把头摇得跟拨浪鼓似的，都说不要。

最后，公主指着阿娇问要不要，刘彻马上笑着说："如果能娶到阿娇做媳妇，我就造金屋给她住。"

长公主非常高兴，经过数次请求景帝，终于定下了这门亲事。

下里巴人

宋玉是战国后期楚国的一位文人。楚王听别人说了他一些坏话，就把宋玉找来问道："先生的行为恐怕有些不检点的地方吧！为什么许多人都对你不满意呢？"

宋玉答道："先让我说件事吧！有一个歌唱家在京城唱歌，开始唱的是楚国最流行的民间歌曲《下里巴人》，这时有好几千人跟着唱。后来他又唱起比较高深的《阳阿》《薤露》，跟着唱的就只有几百人了。当他再唱起高雅的歌曲《阳春》《白雪》时，跟着唱的就仅有几十人了。最后他唱起五音六律特别和谐的最高雅的歌曲时，能跟着一块儿唱的就仅仅几个人了。可见歌曲越是高深，能跟着唱的人就越少啊！"接着，宋玉又说："文人之间也是一样。那些杰出的人物志向远大，行为高尚，怎能被一般人理解呢？我的情况正是这样啊！"

楚王听了宋玉这番狡辩，就没有再追问下去。

成语"阳春白雪""下里巴人"就是从这个故事来的。"阳春白雪"后来就用来代表高雅的文艺作品，"下里巴人"则用来代表通俗浅近的文艺作品。这两个成语可以单独使用，也常常在一起对比地使用。

成语接龙

CHENGYU JIELONG

急中生**智**	**智**勇双**全**
全力以**赴**	**赴**汤蹈**火**
火上浇**油**	**油**尽灯**枯**
枯木逢**春**	**春**风化**雨**
雨过天**青**	**青**出于**蓝**
蓝田生**玉**	**玉**树临**风**
风声鹤**唳**	**厉**兵秣**马**
马齿徒**增**	**增**砖添**瓦**

成语释义

急中生智 智：智谋，对策。紧急的时候，猛然想出了好办法、好主意。

智勇双全 足智多谋、勇敢善战，智与勇二者兼备。

全力以赴 赴：前往。把全部力量都投入进去。

赴汤蹈火 赴：去，走向。汤：开水。蹈：踩。沸水敢蹚，烈火敢踏。比喻不避艰险，奋勇向前。

火上浇油 往火上倒油，比喻使人更加愤怒或使情况更加严重，助长事态的发展。

油尽灯枯 灯油熬干了，灯也灭了。比喻生命衰竭直至死亡。

枯木逢春 枯萎的树木到了春天，又有了活力。比喻在困境中重新获得生机。

春风化雨 指适宜于草木生长的和风与时雨。比喻良好的教育和适宜的环境。多用来称颂老师和长辈对学生及晚辈潜移默化的教诲。

雨过天青 雨后天色青碧。比喻情况由坏变好。也比喻政治上由黑暗到光明。

青出于蓝 青是从蓝草里提炼出来的，但颜色比蓝更深。比喻学生超过老师或后人胜过前人。

蓝田生玉 蓝田：地名，在陕西，盛产美玉。比喻贤良的父母教育出优秀的子女或名师出高徒。

玉树临风 形容年轻男子风度潇洒，秀美多姿。

风声鹤唳 唳：鹤叫声，也泛指鸟鸣。形容惊慌疑惧，自相惊扰。

厉兵秣马 磨好兵器，喂饱马。形容为作斗做准备。

马齿徒增 马的牙齿有多少，就可以知道它的年龄有多大。比喻自己年岁白白地增加了，学业或事业却没有什么成就。

增砖添瓦 犹添砖加瓦。比喻为某项事业做一些工作，尽一点力。

风声鹤唳

383年,前秦皇帝苻坚组织几十万大军,南下攻打东晋。东晋任命谢石为大将,谢玄为先锋,带领八万精兵迎战。

苻坚认为自己兵多将广,有足够的把握战胜晋军。他把兵力集结在寿阳(今安徽寿县)东的淝水边,等待后续大军到齐,再向晋军发动进攻。

为了以少胜多,谢玄施出计谋,派使者到秦营,向秦军的前锋建议道:"贵军在淝水边安营扎寨,显然是为了持久作战,而不是速战速决。如果贵军稍向后退,让我军渡过淝水再进行决战,不是更好吗?"

秦军众将领都认为要坚守淝水,不能让晋军过河。但苻坚求胜心切,不同意众将领的意见,说:"我军只要稍稍后退,等晋军一半过河,一半还在渡河时,以精锐的骑兵攻击他们,我军肯定能大获全胜!"

于是,秦军决定后退。秦军是临时拼凑起来的,指挥不统一,一接到

后退的命令，以为前方打了败仗，慌忙向后溃逃。

这样，秦军军心动摇，后退的途中秩序极度混乱，自相践踏，晋军乘胜追击，再加上秦军把路上听到的风声、鹤声都当作晋军追击的声音，因而更加没命地逃跑，晋军就这样以少胜多了。

厉兵秣马

秦穆公是春秋五霸之一，当时他为了当上霸主，不择手段。他想攻打郑国，为了摸清郑国的虚实，就派将军杞子到郑国去帮助郑国设防。

不久，杞子派人回来报告秦穆公，说他掌握了郑国都城北门的钥匙，如果穆公暗中发兵来偷袭郑国，他可以打开北门作为内应。秦穆公听了，非常高兴，立即派孟明视等三位将军率领五万大军前去偷袭郑国。

秦军经过长途跋涉，在离郑国不远的地方碰到了一个贩牛的商人。这个商人名叫弦高，是郑国人。他估计秦军是去袭击郑国的，焦急万分，最后灵机一动，一面派人赶回郑国去报告，一面挑了四张牛皮和十二头肥牛，送给秦军做犒劳品。

弦高见到孟明视，对孟明视说："我们国君听说你们带兵到我们郑国去，特意派我送来这些东西慰劳你们，表示一点心意。"

孟明视见弦高送来犒劳品，又说了那样的话，就以为郑国真的已经知道秦军来偷袭的事，肯定做好了准备，就取消了攻打郑国的念头，改道攻打滑国去了。

郑国这边接到弦高派人送来的情报，马上派人去察看秦国将领杞子的动静，发现他们果然已经收拾好了行装，磨好了兵器，喂饱了马，做好了战斗的准备。

郑穆公于是就派人去暗示杞子，说郑国已经知道秦国要进攻郑国。杞子见机密已经泄露，赶紧带着他的人马逃走了。

后来，秦军在灭掉滑国回秦国的途中，遭到了晋国军队的袭击，全军

覆没,孟明视等三位将领也被俘获。秦穆公攻打郑国的阴谋诡计没有得逞,反倒全军覆没,为人所耻笑。

有趣的成语"加法"。

( ) 湖四海 + ( ) 触即发 = ( ) 亲不认
( ) 神无主 + ( ) 意孤行 = ( ) 零八落
( ) 窍生烟 + ( ) 举成名 = ( ) 面玲珑
( ) 仙过海 + ( ) 气呵成 = ( ) 牛一毛
( ) 霄云外 + ( ) 望无际 = ( ) 万火急

成语接龙

瓦釜雷鸣　　鸣冤叫屈

屈身辱志　　志同道合

合情合理　　理直气壮

壮志凌云　　云集响应

应运而生　　生死存亡

亡命之徒　　徒劳无功

功成名就　　就地正法

法不责众　　众目所归

成语释义

瓦釜雷鸣 瓦釜：陶制炊具，比喻庸才。声音低沉的瓦釜发出雷鸣般的响声。比喻无德无才的人占据高位，威风一时。

鸣冤叫屈 指申诉冤屈。

屈身辱志 形容精神和肉体都受到损害。

志同道合 志：兴趣。同：相同，一样。道：方向合：一致。兴趣相同，意见一致。

合情合理 符合情理。

理直气壮 理由正当充分，胆子就壮，说话就有气势。

壮志凌云 壮志：宏大的志愿。凌云：直上云霄。形容理想宏伟远大。

云集响应 形容响应支持的人很多。像云一样聚合在一起，像回声一样回应。

应运而生 本指应天命而产生。现指适应时机而产生。

生死存亡 生存或者死亡。形容局势或斗争的发展已到重要关头。

亡命之徒 指逃亡的人。也指冒险犯法、不顾性命的人。

徒劳无功 指白费力气，没有一点成效。

功成名就 功：功业。就：达到。功绩取得了，名声也有了。

就地正法 正法：执行死刑。在罪犯被捕获或定罪的地方执行死刑。

法不责众 指某种行为即使应受到法律的惩罚，但很多人都那样干，也就不好用法律来惩罚了。

众目所归 众人的目光集中之处。指一致看好。

志同道合

　　曹操在六十六岁这年，因旧病复发，死在洛阳。曹操死后，世子曹丕继位做了魏王和丞相，全揽朝廷大权。曹丕称帝以后，有人告发他的弟弟——临淄侯曹植经常喝酒骂人，还把他派去的使者扣押起来。曹丕立即派人赶到临淄，把曹植逮住押回邺城审问。原来，曹丕和曹植都是曹操的妻子卞夫人所生。曹操不但是个政治家、军事家，还是个文学家，曹丕、曹植兄弟俩也擅长诗文，文学史上把他们父子合称为"三曹"。曹植从小聪明非凡，十几岁的时候，就读了不少书，能写很出色的文章。曹操觉得曹植才华出众，对他非常宠爱，多次想把他封为世子，只因有些大臣反对，才没定下来。曹丕怕自己地位不稳，想方设法讨曹操喜欢。再加上左右侍从中替曹丕说好话的人不少，曹操宠爱曹植的心才渐渐变了。

　　曹丕称帝以后，仍然嫉恨曹植。这一回，就抓住机会把曹植抓起来，要处曹植死刑，他母亲卞太后知道了，连忙在曹丕面前替曹植求情，要他看在同胞兄弟分上，宽恕曹植。曹丕把曹植召来以后，为了惩罚他，要他在走完七步的时间里作出一首诗。假如作得出，就免他一死。曹植略略思考了一下，就迈开步子，走一步，念一句，随口就念出了一首诗："煮豆燃豆萁，豆在釜中泣。本是同根生，相煎何太急？"曹丕心里有愧，只好放曹植回去。

　　曹植苦于无用武之地，他上书说伊尹是陪嫁的小臣，吕尚当屠夫钓叟，他们遇到了志同道合的商汤和周文王，才施展抱负，成就大业。

劳而无功

孔子是春秋时期著名的教育家、社会活动家，他极力主张恢复周礼，以仁义道德来治理国家。孔子认为统治者只要用"仁义"来感化百姓，处理诸侯国之间的关系，恢复礼制，天下就会太平安定。因此，孔子曾带着他的学生周游列国，向各诸侯国国君宣传自己的政治主张，希望得到重用。

然而孔子周游列国时，到处碰壁，常常受到冷遇。有一次，孔子带着学生准备到卫国去游说，去之前，孔子的学生颜回问鲁国一个叫太师金的官吏："我的老师孔子到处游说，劝人家接受、推行他的主张，可是到处碰壁。这次去卫国，您看情况还会这样吗？"太师金摇摇头说："我看还是一样。现在战乱四起，各诸侯国都忙于争霸，对你老师的'仁义道德'那一套非常反感，没人喜欢听这些不合时宜的说教的。如之前你们到蔡、陈两国游说就是如此。这次到卫国去游说，肯定也不会有什么好结果。"

太师金又举例进一步解释："船是水上最好的运输工具，车是陆上最好的运输工具。如果硬要把船从水中弄到陆上来拉货，那是白费力气，劳而无功。"

你能把下列成语填完整吗？

亡（　）补牢　　　　（　）急跳墙　　　如（　）得水

惊弓之（　）　　　　画（　）点睛　　　兔死（　）悲

黔（　）技穷　　　　指（　）为马　　　守株待（　）

信笔涂（　）　　　　（　）争虎斗　　　鸦（　）无声

成语接龙

CHENGYU JIELONG

归心似**箭**	**箭**不虚**发**
发号施**令**	**令**人发**指**
指手画**脚**	**脚**踏实**地**
地利人**和**	**和**睦相**处**
处变不**惊**	**惊**弓之**鸟**
鸟语花**香**	**香**草美**人**
人小鬼**大**	**大**同小**异**
异想天**开**	**开**诚布**公**

成语释义

归心似箭 想回家的心情像射出的箭一样急。形容回家心切。

箭不虚发 虚：空。形容箭术高超，百发百中。也比喻做事有针对性，定能达到目的。

发号施令 发布命令。也用来形容指挥别人。

令人发指 使人头发都竖起来了。形容令人极度愤怒。

指手画脚 形容轻率地指点、批评。也可形容放肆、激动或得意的神态。

脚踏实地 比喻做事踏实、实事求是，不虚浮。

地利人和 地利：地理上的有利形势。人和：得人心。

和睦相处 睦：和好。彼此和好地相处。

处变不惊 面对变乱，能镇定自若，不惊慌。

惊弓之鸟 指受过箭伤，一听到弓弦之声就惊恐的鸟。比喻心有余悸，遇到动静就慌乱不安的人。

鸟语花香 鸟叫得好听，花开得喷香。形容春天的美好景象。

香草美人 旧时诗文中用以比喻贤人君子。

人小鬼大 形容人年纪虽小而头脑却很精明，为人调皮，鬼主意多。

大同小异 异：差异。大体相同，略有差异。

异想天开 异：奇异。天开：天门大开。指想法很不切实际，非常奇怪。

开诚布公 指以诚心待人，坦白无私。

惊弓之鸟

战国时，魏国有一个叫更羸的射箭能手。

有一天，更羸跟魏王到郊外打猎。一只大雁从远处慢慢地飞来，边飞边叫。更羸仔细看了看，指着大雁对魏王说："大王，我不用箭，只要拉一下弓，这只大雁就能掉下来。"

"是吗？"魏王信不过自己的耳朵，问道，"你有这样的本事？"

更羸说："请让我试一下。"更羸并没有取箭，他左手拿弓，右手拉弦，只听得嘣的一声响，那只大雁只往上飞，拍了两下翅膀，忽然从半空中直掉下来。

"啊！"魏王看了，大吃一惊，"真有这本事！"更羸笑笑说："不是我本事大，是因为我知道，这是一只受过箭伤的大雁。"魏王更加奇怪了，问："你怎么知道的？"

更羸说："它飞得慢，叫的声音很悲惨。飞得慢，因为它受过箭伤，伤口没有愈合，还在作痛；叫得悲惨，因为它离开同伴，孤单失群，得不到帮助。它一听到弦响，心里很害怕，就拼命往高处飞。它一使劲伤口又裂开了，就掉下来了。"

后来用"惊弓之鸟"比喻受过惊吓的人遇到类似的情况就惶恐不安。

开诚布公

"开诚布公"这个成语，讲的是三国时蜀国的丞相诸葛亮诚恳、坦白、无私地对待君主和下属的故事。

　　诸葛亮是一位出色的军事家，他不仅神机妙算，还是一位忠心耿耿的臣子，因而得到皇帝刘备的信任和重用。刘备在临终前，曾将自己的儿子刘禅托付给诸葛亮，让他帮助刘禅治理天下。刘禅乳名阿斗，为人软弱无能。刘备非常了解自己的儿子，所以他临终前诚恳地对诸葛亮说："如果阿斗不好好听你的话，做出危害国家的事，你就代替他，自己做皇帝。"诸葛亮闻言热泪纵横，内心深受感动，他一再表示要好好地效忠少主刘禅。

　　刘备死后，诸葛亮竭尽全力帮助刘禅治理国家。无奈后主阿斗实在是一位扶不起来的皇帝，导致国家内忧外患。这时，有人劝诸葛亮自封为王，但他严厉地拒绝了。他对身边的人说："我已经接受先帝的委托，担任了这么高的官职。如今讨伐曹魏又没什么成效，你们却要我加官晋爵，这是不忠不义的事情啊！"

　　诸葛亮不但对阿斗忠心耿耿，而且对待下属也是公正合理，不徇私情。马谡是他非常器重的一位将军，在攻打曹魏时任前锋。但此人因为大意轻敌，使得街亭这个地方失守了。这一场败仗给蜀军的打击非常大。因为此前马谡已经立下军令状，诸葛亮只好忍痛挥泪杀了马谡。出乎意料的是，马谡不但不痛恨诸葛亮，还在临刑前上书给诸葛亮，说自己虽然死去，但在九泉之下不会有怨恨。诸葛亮自己也为失守街亭主动承担责任，请求后主批准他由丞相降为右将军。

　　诸葛亮不但对待下属公正合理，不徇私

情，还善于自我批评。他还特地下令，要下属坦率地指出他的缺点和错误，这种情形在当时是十分罕见的。

234年，诸葛亮病死军中，诸葛亮死后不久，蜀国就被魏国占领了。

后人在写史书时，就用"开诚心，布公道"来形容这位贤臣。成语"开诚布公"即由此演变而来。

加减乘除填成语。

（　）败俱伤 × （　）大皆空 = 胡说（　）道

（　）面威风 + （　）臂之力 = （　）霄云外

成语接龙

公正廉**明**　　**明**日黄**花**

花言巧**语**　　**语**重心**长**

长久之**计**　　**计**上心**头**

头头是**道**　　**道**尽途**穷**

穷途末**路**　　**路**不拾**遗**

遗臭万**年**　　**年**幼无**知**

知人善**任**　　**任**劳任**怨**

怨天尤**人**　　**人**浮于**事**

成语释义

公正廉明 公平正直，廉洁严明。

明日黄花 原指重阳节过后逐渐萎谢的菊花。表示迟暮之感。后多比喻过时的事物或消息。

花言巧语 原指铺张修饰、内容空泛的言语或文辞。后多指用来骗人的虚伪动听的话。

语重心长 言辞深刻有力，心意深长。

长久之计 计：计划，策略。长远的打算。

计上心头 心里突然有了计策。指很快想出了办法。

头头是道 本为佛家语，指道无所不在。后多形容说话做事很有条理。

道尽途穷 道、途：路。走到路的尽头。形容无路可走，面临末日。

穷途末路 形容到了无路可走的地步。

路不拾遗 遗：失物。路上有失物，无人拾取。形容社会风气淳朴良好。

遗臭万年 遗臭：死后留下的恶名。死后恶名一直流传，永远被人唾骂。

年幼无知 年纪小，缺乏知识，不懂事。

知人善任 知：了解，知道。任：任用，使用。指了解并善于任用部属，发挥其长处。

任劳任怨 任：承受，担当。比喻做事不辞劳苦，不怕别人埋怨。

怨天尤人 尤：怨恨，归咎。指遇到挫折或出了问题，一味地抱怨上天，责怪别人。

人浮于事 浮：超过。原指人的职位高过所得俸禄的等级。后指工作中人员过多，超过工作所需。

遗臭万年

东晋时期，身为大司马的桓温专揽朝政。桓温是晋明帝的驸马，因领兵灭亡成汉而声名大盛，又曾三次领导北伐，掌握朝政并操纵废立。桓温自负才能过人，又心怀异志，因此发动北伐，希望先建立功勋，然后回朝受九锡以图篡位。但因第三次北伐失败，声名和实力大减，同时受制于朝中王谢的势力而图谋不成。

孝武帝即位后，桓温患病，返回姑孰。同年三月，桓温上表求九锡之礼。谢安见桓温病重，以袁宏所作锡文不好为由命其修改，借此拖延。一天桓温卧在床上，对亲信感叹道，"为尔寂寂，将为文、景所笑。"意思是说如果甘于现状的话，将来到死后肯定要被从曹魏手里夺得天下的司马昭、司马师两人笑话。接着又说："既不能流芳百世，不足复遗臭万载邪！"

七月，桓温逝世，享年六十二岁，至此锡文仍未完成。朝廷追赠丞相，谥号宣武，丧礼依照安平献王司马孚、霍光旧例，又赐九旒鸾辂等物。

其子桓玄建立桓楚后，追尊为"楚宣武皇帝"。

路不拾遗

战国初期，秦国的井田制瓦解、土地私有制产生和赋税改革，都晚于其余六国，社会经济的发展落后于齐、楚、燕、赵、魏、韩六个大国。为了增强秦国实力，在诸侯国的争霸中处于有利地位和不被别国吞并，秦孝公决定引进人才，变法图强。

秦孝公任用商鞅为重臣，听从他的建议，制定新法，废除维护贵族特权的旧法，实行改革。这就是历史上著名的"商鞅变法"。商鞅坚决主张法律面前人人平等。不管是什么人，只要对国家有贡献，就应该予以奖励。他废除贵族世袭制度，按军功的大小分封不同的爵位等级。他鼓励耕织，发展农业生产，兴修水利，规定生产多的人可以免除徭役。

由于商鞅积极推行变法，秦国的老百姓生产积极性提高了，军队纪律严明，士兵们也都愿意去打仗了。老百姓的生活逐渐富裕，社会秩序安定，民风也变得淳朴起来。路不拾遗，夜不闭户，意思就是说人们晚上睡觉都不用关门，在路上丢了东西也不用担心被别人捡走。秦国因此一天天强大起来，各诸侯国都开始畏惧它的国力了。

按要求挑出成语，并填在方框里。

| 如花似玉 | 五大三粗 | 鹤发童颜 | 弱不禁风 |
| 尖嘴猴腮 | 亭亭玉立 | 虎背熊腰 | 眉清目秀 |

描写眉目容貌的

描写身材体格的

成语接龙

事无巨细	细水长流
流言蜚语	语惊四座
座无虚席	席地而坐
坐井观天	天经地义
义薄云天	天下为公
公而忘私	私心杂念
念念不忘	忘其所以
以一当十	十死一生

成语释义

事无巨细 事情不分大小。指大大小小的各类事情。

细水长流 比喻节约使用财物，使长期不缺用。也比喻一点一滴不间断地做某件事。

流言蜚语 毫无根据的话。指背后散布的造谣中伤、挑拨离间的话。

语惊四座 形容发言独特、新奇，使人震惊。

座无虚席 虚：空。座位没有空着的。形容出席的人很多。

席地而坐 席：坐席，席子。古指坐在铺有席子的地上。后泛指坐在地上。

坐井观天 坐在井里看天。用来比喻和讽刺眼界狭窄，学识肤浅，见识不广。

天经地义 经：规范，原则。义：正理。指绝对正确，不能改变的道理。也指理所当然的事。

义薄云天 正义之气直上高空。形容人很重义气。

天下为公 原意是天下是公众的，国家政权不为某一家私有。后成为一种美好社会的政治理想。

公而忘私 为了公事而不考虑私事，为了集体利益而不考虑个人得失。

私心杂念 指为个人或小集团利益打算的种种念头。

念念不忘 念念：时刻思念着。形容牢记于心，时刻不忘。

忘其所以 指因过度兴奋或得意而忘了应有的举止。

以一当十 当：相当。一个人可以抵上十个人。形容军队英勇善战。

十死一生 形容经历极大的危险而死里逃生。

公而忘私

　　春秋时，晋国一个叫南阳的地方缺个县令，晋平公就去问当时的大夫祁黄羊，说："南阳县缺个县令，你看，应该派谁去当这个官比较合适呢？"祁黄羊毫不迟疑地回答说："叫解狐去，他为人公正，做那里的县令最合适了，他一定能够胜任的！"平公惊奇地问他："解狐不是你的仇人吗？你为什么还要推荐他呢！"祁黄羊笑着说："您只问我什么人能够胜任，谁最合适当南阳的县令，您并没有问我解狐是不是我的仇人呀！我和他只是私人的恩怨，并不能掩盖他的才华嘛。"晋平公觉得他的话很有道理，也觉得解狐这个人确实不错，就派解狐到南阳县去上任了。解狐到任后，果然很有治理的才能，为那里的人办了不少好事，大家都称颂他。

　　过了一段时间，晋平公又问祁黄羊："现在朝廷里缺少一个法官，你看，谁能胜任这个职位呢？"祁黄羊毫不犹豫地说："祁午能够担任这个职位。"晋平公又奇怪起来了，问道："祁午不是你的儿子吗？你怎么推荐你的儿子，不怕别人讲闲话吗？"祁黄羊说："可是您只问我谁可以胜任法官这个职位，所以我推荐了他；您并没问我祁午是不是我的儿子呀！"晋平公很满意祁黄羊的回答，于是就派祁午去做法官。祁午当上了法官，果然能公正执法，替人们办了许多好事，很受人们的欢迎与爱戴。

　　孔子听说这两件事后，十分称赞祁黄羊。孔子说："祁黄羊说得太好了！他推荐人才，完全是拿才能做标准，不因为解狐是自己的仇人，存心偏见，便不推荐他；也不因为祁午是自己的儿子，怕人议论，便不推荐他。像祁黄羊这样的人，才够得上说'公而忘私'啊！"

以一当十

秦朝末年，秦王派大将章邯率领秦兵渡过黄河往北进攻赵地，大败赵军。当时赵歇为王，陈余担任大将，张耳担任国相，他们都逃进巨鹿城。章邯命令部下包围了巨鹿，军队驻扎在巨鹿南边。陈余率领几万士兵驻扎在巨鹿北边。

楚怀王闻讯，赶紧派主帅宋义、副帅项羽、末将范增率领20万人马浩浩荡荡向巨鹿出发，前去救援。

大军来到安阳（今山东曹安），探子来报，秦军兵力强大。宋义不由心生畏惧，不敢前进。就这样部队滞留了多日，项羽为此焦急不安，极力劝谏宋义立即出兵。但宋义不听，以各种理由来推诿。项羽不禁大怒，挥刀杀死宋义父子，急遣两万兵马渡漳河为巨鹿解围。前来援救巨鹿城的诸侯各军筑有十几座营垒，没有一个敢发兵出战。等到楚军攻击秦军时，他们只在营垒中观战，导致楚兵连连失利，损失惨重。项羽只得率领全体士卒渡过漳河以挽回败局。他明白，想要置之死地而后生，就必须断绝一切后路。面对全体将士，项羽深情地看了几眼后，严肃而果断地说："现在，我们要凿破所有的船只，把它们沉入水中；敲破所有的饭锅和瓦罐，只保留三天的粮食；烧掉所有的帐篷。此战我们要么全胜而归，要么死路一条！"

楚军到了以后，立即把秦军包围起来。双方展开激烈的搏斗，厮杀声震天。项羽挥戈跃马，带头冲入敌阵，一刀将秦将苏角砍成两截。楚军的将士，每一个人都勇猛向前，以一当十，拼命死战，杀得秦兵血流成河，尸积如山。巨鹿之战，项羽消灭了秦军主力。各路军队都表示愿意服从其指挥。自此，项羽名震天下，成了统率各路军队的首领。

"以一当十"和"破釜沉舟"这两个成语都是出自这个故事。

成语接龙

CHENGYU JIELONG

生死之交	交头接耳
耳闻目睹	睹物思人
人之常情	情有独钟
钟鸣鼎食	食不果腹
腹背之患	患难之交
交浅言深	深居简出
出奇制胜	胜利在望
望穿秋水	水深火热

成语释义

生死之交 指同生共死的交谊或有着同生共死交情的朋友。

交头接耳 交头：头靠着头。接耳：嘴凑近耳朵。形容两个人凑近低声交谈。

耳闻目睹 闻：听见。睹：看见。亲耳听到，亲眼看见。

睹物思人 睹：看。思：思念。看见离去的人留下的东西就想起了这个人。

人之常情 一般人通常情况下都会有的心情或想法。

情有独钟 指对某人或某件事特别关注、喜爱，把自己的心思和感情都集中到他（她、它）上面。

钟鸣鼎食 钟：古代乐器。鼎：古代炊器。击钟列鼎而食。形容贵族的豪华排场。

食不果腹 果：充实，饱。指吃不饱肚子。形容生活贫困。

腹背之患 腹：指前面。背：指后面。指前后都有祸患。

患难之交 交：朋友。在一起经历过艰难困苦而有深厚交情的朋友。

交浅言深 交：交情。跟交情浅的人进行深谈。

深居简出 简：少。原指野兽藏在深密的地方，很少出现。后指常待在家里，很少出门。

出奇制胜 奇：奇兵，奇计。制：制服。出奇兵战胜敌人。比喻用对方意料不到的方法取得胜利。

胜利在望 在望：盼望的事就在眼前。指胜利即将到来。也指事情马上就要成功。

望穿秋水 秋水：比喻人的眼睛。眼睛都望穿了。形容盼望殷切。

水深火热 像沉入水里，越来越深，像置身火中，越来越热。比喻人民生活极端艰难痛苦。

出奇制胜

春秋时期，燕齐两国经常发生恶战。燕国大将乐毅英勇善战，短短五年间接连攻下了齐国七十余座城池，最后仅剩即墨城未被燕军攻占。

齐国人田单精通兵法，足智多谋。开始时他在齐国的临淄当一名小吏，没有引起人们的注意。当乐毅率燕军攻入齐国时，他逃往安平，让家人把车轴两端突出的部分锯掉，再包上铁皮。不久，安平被燕军攻破。齐人争先恐后出城逃亡，路上拥挤不堪，许多车子的轴头都被撞断，于是当了燕军俘虏。唯有田单家的车子，因为经过改装加固，安全地逃到了即墨城。这时，乐毅又将即墨城团团围住，即墨大夫战死，守军就推举田单为将军，死守即墨。

公元前279年，燕昭王去世，燕惠王即位。惠王在当太子的时候，曾与乐毅有过隔阂，彼此成见很深，又受到田

213

单所放的流言影响，便立即派大将骑劫接替乐毅的职务，调乐毅回国。乐毅被无故撤职后，燕军士气低落。田单派人混进燕军内部，散布流言说："齐军最怕的是被燕军割下鼻子，如果燕军进攻时，把割去鼻子的齐兵俘虏摆在队前，即墨城一定不攻自破。"

骑劫听了，不知是计，就照着做了。守城的齐兵看见自己的同胞被割去鼻子，非常气愤，他们生怕被燕军俘虏，守城的意志更加坚决。接着，田单又派人散布流言说："我们最怕燕国人掘我们城外的祖坟，糟蹋我们的祖先，我们时刻提心吊胆。"燕国人信以为真，把城外所有的坟墓都挖开，把尸骨堆在一起焚烧。即墨军民目睹燕军的暴行，都决定要跟燕军决一死战。

田单看到齐军斗志昂扬，又使用骄兵之计，使燕军战斗意志更加松懈。这天夜里，齐军向燕军发动进攻。田单把城里的一千多头老牛集中起来，给它们穿上大红色的衣裳，上面画着五颜六色的蛟龙图案。他又令人把锋利的尖刀绑在牛角上，把浇满了油的芦苇绑在牛尾巴上，然后点着火，将牛从暗中凿穿的几十个城墙洞口赶出去，并派五千精兵跟在牛群后面。很快牛的尾巴烧着了，发起牛脾气，吼叫着直往前面燕营冲去。燕军不知是计，手足无措，引起混乱。跟随牛群的五千名齐兵，一声不响地冲入燕营，大刀阔斧地勇猛冲杀。齐军又在城上擂起战鼓，喊杀声惊天动地。燕军毫无思想准备，突然遭到这么猛烈的袭击，立刻兵败如山倒。齐兵趁乱杀死燕将骑劫，燕军没有了主帅，成了惊弓之鸟，一路溃败。田单率兵奋力追击，一路收复失地，被燕军占领的七十多座城池全部收回。后来，田单又拥立襄王为齐君，恢复了齐国的政权。田单被襄王封为安平君。

水深火热

战国时，诸侯各国连年混战，他们都想乘机扩大自己的领土。那一年，由于燕国发生了内战，于是，齐国乘虚而入，他们的国君齐宣王派大将

匡章率兵十万攻打燕国。由于燕国百姓对内战不满，不愿出力抵抗齐军，甚至有些燕国境内的百姓反而给齐军送饭递水表示欢迎。

在这种情况下，齐国大将匡章只用了50天，就攻下了燕国国都。但匡章获胜后治军不严，他手下的士兵打劫百姓的现象时有发生，于是燕国百姓纷纷起来反抗齐军。

这时，齐宣王不去责罚治军不严的匡章，而是怀抱着侥幸的心理，向正在齐国游说诸侯施行仁政的孟子请教。他假装很虔诚的样子，向孟子请教道：

"有人劝我放弃燕国，有人劝我把它拿下，我到底该怎么办？"

孟子听后，回答说：

"如果齐国吞并燕国，燕国的百姓反而很高兴，那就吞并它。古人有此先例，周武王便是这么做的。"

孟子这话是指周武王讨伐商纣的做法。当时，商纣王因为施行残暴的统治，激起了百姓的不满。周武王顺应了当时百姓的心愿，伐纣成功，救民于水火之中，灭商而建立西周王朝。

可惜，齐宣王听见这种说法，就像听个热闹一样，并没有深想。

孟子接着又说："如果齐国吞并燕国，当地百姓并不高兴，那就不要吞并它。古人也有先例，周文王便是这么做的。"

孟子这话是指周武王的父亲周文王的做法。当时虽然周文王已三分天下，占有其二了，但他认为商王朝还没有丧尽人心，仍然侍奉商朝，不急于灭掉它。

这时，齐宣王觉得自己国家的情况有所不同，认为孟子的言论像写文章一样，华而不实，没啥指导意义，感到非常失望。

孟子却浑然未觉，依然沉浸在自己的论说里面，他开始联系齐国的实际，侃侃而谈：

"当初齐军攻入燕国，燕国百姓端茶送饭表示欢迎，那是因为燕国百姓想摆脱连年内战的苦日子；而今如果齐国进而吞并燕国，给燕国百姓带来亡国灾难，使他们陷入水深火热之中，那他们必然盼望走出困境！"

孟子这话其实就是反对齐国攻打燕国，因为这不是实施仁政的表现。这下，齐宣王总算是听懂了孟子的建议。但可惜，齐宣王并没有听从孟子的劝说，因为他自己的贪心，这并不是孟子的一番言论就能改变的。齐宣王还是固执己见，坚持攻打燕国，却遭到了周边国家的一致抵抗，最后无功而返。

成语接龙

CHENGYU JIELONG

热火朝天　　天壤之别

别有用心　　心旷神怡

怡然自得　　得不偿失

失声痛哭　　哭天喊地

地大物博　　博大精深

深恶痛绝　　绝处逢生

生死相依　　依然如故

故弄玄虚　　虚张声势

成语释义

热火朝天 形容情绪热烈，气氛高涨，就像炽热的火焰朝天燃烧一样。

天壤之别 壤：地。天和地，一级在上，一级在下。比喻差别极大。

别有用心 用心：居心，打算。心中另有算计。指言论或行动另有不可告人的企图。

心旷神怡 旷：开阔。怡：愉快。心境开阔，精神愉快。

怡然自得 怡然：安适愉快的样子。形容高兴而满足的样子。

得不偿失 偿：抵得上。所得的利益抵偿不了所受的损失。

失声痛哭 因悲痛过度而纵声大哭。

哭天喊地 向天大哭，朝地大喊。形容极其悲伤地痛苦。

地大物博 博：丰富。指国家疆土辽阔，资源丰富。

博大精深 博：广，多。形容思想和学识广博高深。

深恶痛绝 恶：厌恶。痛：痛恨。绝：极。指对某人或某事物极端厌恶痛恨。

绝处逢生 绝处：无出路的境地。形容在走投无路、身陷绝境的情况下又有了生路。

生死相依 在生死问题上互相依靠。形容同命运，共存亡。

依然如故 依然：仍旧。故：过去，从前。指没有什么变化，还是从前的老样子。

故弄玄虚 故：故意。弄：玩弄。玄虚：用来掩盖真相，使人迷惑的欺骗手段。故意玩弄花招，让人捉摸不透。

虚张声势 张：铺张，夸大。凭空制造出强大的气势。指假造声势，借以吓人。

得不偿失

　　陆逊从21岁步入吴国政坛后，先后多次领兵击败不服从孙吴号令的山越部众。夷陵大战前，陆逊已任宜都太守、抚边将军，战后加封荆州牧、辅国将军。228年，陆逊又领兵打败来犯的魏国大司马曹休。次年，陆逊被拜为上大将军，这是吴国的最高军职。244年，陆逊又兼任丞相一职。丞相是吴国的最高文职，他不但在吴国上下享有极高的威望，就是魏、蜀两国也很忌惮陆逊。陆逊达到了他个人事业的巅峰，这些都令孙权感觉受到了潜在的威胁。这就是所谓的"功高震主"。所以，尽管陆逊对吴国、对孙权一直忠心耿耿，从无二心，而且深自韬晦。但"功高震主"历来是中国历史上每一位封建君主的心病，孙权也不例外。从此以后，陆逊的仕途便走上了下坡路，他失去了孙权的信任。

　　三国时期，东吴孙权占据江东六郡，他想扩大自己的势力范围，就召集群臣商议攻打夷州和琼崖有关事宜。大臣们均赞同出兵，只有右都护陆逊不赞同。他认为当前的东吴应该休养生息增强实力，以避免不必要的损失。而由于"功高震主"的心病捣鬼，孙权并没采纳陆逊的意见就出兵了，虽然最终取得了胜利，但整体上得不偿失。

虚张声势

　　西汉景帝时，李广为上郡太守。当时匈奴入侵上郡，景帝派宠幸之臣到上郡，助李广抗击匈奴。

一天，该臣与骑从十余人外出游猎，遇到三个匈奴人，与他们开战。随从尽死，仅该臣一人被射伤逃至李广军营。李广说："一定是射雕的匈奴人。"乃率百余骑兵追击那三个匈奴人。三人因无马步行，行数十里便被李广追上，果然是射雕的匈奴人，李广杀死其中二人，活捉一人。随后将活捉的匈奴人带上附近小山，突然发现不远处有数行匈奴骑兵。匈奴骑兵也看见了李广他们，以为是汉朝的诱敌之兵，于是上山布阵。李广的随从们非常害怕，想赶快逃跑。李广说："我们离大军数十里，这样逃跑，匈奴骑兵一定追杀过来，那我们就完蛋了。如果我们按兵不动，匈奴兵以为我们是诱敌之兵，一定不敢袭击我们。"李广命令士兵继续往前靠近，又下令解下马鞍。随从说："敌人这么多，解下马鞍，万一情况紧急，怎么办？"李广说："解下马鞍，可以让匈奴兵更加坚信我们是诱敌之兵。"这时，匈奴兵中一骑白马之将出阵，李广上马带十余人追杀，射死骑白马之敌将，之后仍然回到原地，解下马鞍，让马卧下休息。直到天黑，匈奴兵始终心存怀疑，不敢前进，又恐怕汉朝有伏兵在附近会乘黑夜进攻，于半夜时退兵后撤。

第二天天亮后，李广才带领随从回到大军营中。

把下面的歇后语用成语补全。

1. 黄鼠狼给鸡拜年——（   ）
2. 癞蛤蟆想吃天鹅肉——（   ）
3. 搭在弦上的箭——（   ）
4. 剃头捉虱子——（   ）

成语接龙

势不两立　　　　立身处世

世外桃源　　　　源远流长

长治久安　　　　安之若素

素昧平生　　　　生杀予夺

夺门而出　　　　出人意料

料事如神　　　　神气十足

足不出户　　　　户限为穿

穿凿附会　　　　会心一笑

成语释义

势不两立 两立：双方并立。指敌对的双方不能同时存在。比喻矛盾不可调和。

立身处世 立身：做人。处世：做人和与人相处的种种活动。

世外桃源 原指与现实社会隔绝、生活安乐的理想境界。后也指环境幽静、生活安逸的地方。借指一种空想的脱离现实的美好世界。

源远流长 源头很远，水流很长。形容事物根源深远，历史悠久。

长治久安 治：太平。安：安定。形容国家长期安定、巩固。

安之若素 安：安然，坦然。之：代词，指人或物。素：平常。指遇到异常情况或遭受挫折时能泰然处之，跟平常一样。

素昧平生 昧：不了解。平生：平素，往常。彼此一向不了解，不认识。

生杀予夺 生：让人活。杀：处死。予：给予。夺：剥夺。形容统治者掌握对人民的生命、财产任意处置的权力。

夺门而出 夺门：破门，奋力冲开门。猛然奋力冲开门出去。

出人意料 超出了人们预先的估计，在人们的意料之外。

料事如神 料：估计，猜想。形容预料事情非常准确。

神气十足 形容十分得意骄傲的样子。

足不出户 脚不跨出家门，形容不与外界接触。

户限为穿 户限：门槛。为：被。门槛都被踩破了。形容进出的人很多。

穿凿附会 穿凿：勉强进行解释。附会：把不相干的事生硬地联系在一起。把讲不通的或不相干的道理、事情硬扯在一起，进行牵强的解释。

会心一笑 会心：领会到别人内心的意思。领会到对方没有表明的意思而微微一笑。

料事如神

相传，诸葛亮在临死前对后代说："我死后，你们中的一个将来会遇到杀身大祸。到那时，你们把房子拆了。在墙里面有一个纸包，里面有补救的办法。"

后来，司马昭当了皇帝。他得知朝廷中的一员将军是诸葛亮的后代，便想治治他。有一天，司马昭找了个借口，把这个将军定了死罪。在金殿上，司马昭问："你祖父临死前说了些什么？"这个将军就一五一十地把诸葛亮的话说给他听。司马昭听后，便命令士兵们把房子拆了，取出纸包。只见纸包里面有封信，上面写着"遇皇而开"。士兵们把信递给司马昭，司马昭打开信，只见里面写道："请后退三步。"司马昭立即站起身退后三步。他刚站稳，只听"咔嚓嚓"一声响，司马昭龙案正对的房顶上，一根玉梁掉了下来。把桌椅砸得粉碎。司马昭吓得出了一身冷汗。反过来再看信后面写道："我救你一命，请你留我后代一命。"

看完这封信，司马昭暗暗佩服诸葛亮的神机妙算。后来，那个将军也官复原职了。

户限为穿

智永是陈末隋初时期的僧人。他对王羲之、王献之的书法极为钦佩，决心让他们的书法流芳百世。于是智永十分刻苦地练习书法。他在永欣寺时，就曾盖一座小楼专供练字，发誓"书不成，不下此楼"。为了练字，他在

永欣寺的三十年里，每天黎明即起，磨上一大盘墨，然后临摹王羲之的字帖，从未间断。就在这座冷冷清清的小楼里，他如痴如醉地练字，毛笔用了一支又一支。他常把用坏了的毛笔扔进大瓮，天长日久，就积了好几瓮。智永后来把这些毛笔集中埋在一个地方，自撰铭词以葬之，时称"退笔冢"。

经过二三十年的努力，智永的书法果然大有进步。他的名气也越来越大，求他写字和题匾的人门庭若市，智永穷于应付。登门求教的也极多，以致寺内的门槛都被踩坏了，智永只好用铁皮把门槛裹起来加固，时人称之为"铁门槛"。

"退笔冢"与"铁门槛"便成为书坛佳话，与东汉张芝洗笔洗砚的"池水尽墨"交相辉映，同为千古美谈。

选择最合适的成语填空。

❶ 山穷水尽　柳暗花明

要不是到了（　　　　　　　　）的地步，他是不会低头去求人的。

❷ 金榜题名　名落孙山

很惭愧，这次考试我（　　　　　　　　），还得继续努力。

❸ 尽人皆知　鲜为人知

吸烟有害健康，这是（　　　　　　　　）的事实。

❹ 自然而然　事在人为

俗语说（　　　　　　　　），只要你勤奋努力，一定能有所作为。

成语接龙

CHENGYU JIELONG

笑逐颜开	开门见山
山明水秀	秀外慧中
中庸之道	道路以目
目无全牛	牛鬼蛇神
神态自若	若无其事
事在人为	为富不仁
仁义道德	德才兼备
备尝辛苦	苦中作乐

成语释义

笑逐颜开 逐：追随。颜：脸面，面容。开：舒展开来。笑得使面容舒展开来。形容满脸笑容，十分高兴的样子。

开门见山 打开门就能看见山。比喻说话或写文章直截了当谈主题，不拐弯抹角。

山明水秀 山光明媚，水色秀丽。形容风景优美。

秀外慧中 秀：秀丽。慧：聪明。外表秀丽，内心聪慧。

中庸之道 指不偏不倚，折中调和的处世态度。

道路以目 在路上遇到不敢交谈，只是以目示意。形容百姓在暴政之下敢怒不敢言的情形。

目无全牛 眼中没有完整的牛，只有牛的筋骨结构。形容技艺已经到达非常纯熟的地步。

牛鬼蛇神 牛头的鬼，蛇身的神。泛指各种奇形怪状的鬼神或虚幻怪诞的现象。后比喻社会上形形色色的坏人。

神态自若 神态：神情。自若：如常，像原来的样子。神情脸色毫无异样。形容镇静，不慌张。

若无其事 好像没有那么回事似的。形容不动声色或漠不关心。

事在人为 指事情要靠人去做。在一定的客观条件下，事情能否成功要取决于人的主观努力。

为富不仁 为：做，引申为谋求。指只顾发财致富，不讲仁义。

仁义道德 本指儒家所倡导的行为准则。也泛指旧时提倡的道德规范。

德才兼备 德：品德。才：才能。备：具备。既有好的思想品质，又有工作的才干和能力。

备尝辛苦 备：尽，全。尝：经历。受尽了艰难困苦。

苦中作乐 在困苦中勉强自寻欢乐。

目无全牛

庖丁是战国时期一位有名的厨师，他肢解牛的技艺非常高超。

有一天，梁惠王亲自来观看庖丁拿刀分解牛的肢体。

只见庖丁用手触、用肩靠、用脚踩、用膝顶，从容镇静，不慌不忙，每招每式都非常优美；牛的肢体在遭到分解时，发出的声音配合着庖丁的动作，也显得非常和谐，动听悦耳，节奏感很强，就像音乐一样。

梁惠王看庖丁解牛，觉得这个过程简直就是一种艺术享受。

梁惠王看了一会儿，感到太不可思议了，不由自主地鼓掌赞叹起来："太妙了！请问你的技艺是怎么达到如此纯熟的地步的？"

庖丁放下刀，毕恭毕敬地回答说：

"这是因为我对解牛这项工作非常热爱，所以干起来就全神贯注。而且，我也是经过了多年的探索和实践才达到今天这种境界的。

"记得我刚开始解牛时，眼睛里看到的是整头牛，完全不知道应该从哪里下手。这是因为我对牛的了解太少，没有找出更好的办法；而三年以后，我对牛更熟悉了，并且想出了很多办法，以便更好地解牛。这时，我眼里看到的就不再是一头整牛了，而是由牛的各个部件组合在一起的东西。

"这样，我多次反复摸索，在解牛的时候，就知道哪儿是皮肉，哪儿是筋骨；下刀的时候，刀就能在筋骨之间的缝隙中游动，根本碰不到骨头。夸张点说，我现在就是闭上眼睛，也可以熟练地解牛，毫不费力。"

庖丁的话音刚落，立即赢得了在场所有人一片热烈的掌声和喝彩声。

等人群平静下来，庖丁清了清嗓子，又指着自己用的刀，慢条斯理地说："您看我这把刀，我已经用了十九年了，可这把刀还跟新的一样。而别的厨师，一个多月，最多一年就要换把刀。这是因为他们不懂得解牛的诀窍，刀老是碰到骨头而变钝了的缘故。"

梁惠王听得如醉如痴，不住地点头。

道路以目

周厉王时，民怨问题严重，历史上与之相关的最著名的故事，莫过于周厉王禁谤了。

周厉王施政暴虐，受宠臣荣夷公的唆使，改变周朝原有的制度，把平民赖以谋生的许多行业，改归王室所有，一时间民生困苦，民怨沸腾。召穆公（召康公的后代穆公虎）就对周厉王说："老百姓已经受不了啦。"厉王不听劝谏却采用特务手段对付人民，他派人去卫国请了很多巫师，在首都镐京（陕西西安以西）的大街小巷川流不息地巡回，偷听人们的谈话，凡经他们指认为反叛或诽谤的人，立即下狱处决。这样一来，举国上下不再敢对国事评头论足了，就是相互见面，也不乱搭腔，而是以目示意了。周厉王高兴地对召穆公说："我能够统一思想，不再有人敢胡言乱语了。"借这机会，召穆公就发表了一通常常被后世引用的高论："您这是强行封老百姓的嘴，哪里是老百姓真就没有自己的想法了啊。要知道，防民之口，甚于防

川。川壅而溃，伤人必多，老百姓也是一样的道理啊！"当然，这番话周厉王听不进去，老百姓还是敢怒不敢言。

三年后（公元前842年），平民们最终不堪忍受暴政，自发地组织起来攻入王宫，暴君周厉王逃到一个叫彘（今属山西）的地方躲了起来。这个事件史称"国人暴动"。

把下列成语填完整。

（　）毛（　）拔　　二（　）其（　）　　（　）缄（　）口

四（　）五（　）　　（　）花（　）门　　六（　）不（　）

（　）步（　）才　　八（　）威（　）　　（　）牛（　）毛

十（　）九（　）　　（　）发（　）中　　千（　）万（　）

成语接龙

乐不思蜀　　蜀犬吠日

日复一日　　日薄西山

山高水低　　低声下气

气息奄奄　　奄奄一息

息息相关　　关门大吉

吉星高照　　照猫画虎

虎视眈眈　　眈眈相向

向壁虚造　　造谣生事

成语释义

乐不思蜀 快乐得不再思念蜀国。比喻在新环境中得到乐趣，不再想回到原来的环境中去。泛指乐而忘返。

蜀犬吠日 蜀：四川的简称。吠：狗叫。原意是四川多雨，那里的狗不常见到太阳，出太阳就要叫。比喻少见多怪。

日复一日 复：再，又。过了一天又一天。形容光阴白白地过去或持续的时间很久。

日薄西山 薄：迫近。太阳快落山了。比喻人已经衰老或事物衰败腐朽，临近死亡。

山高水低 指意外的不幸。

低声下气 形容说话时态度卑微恭顺的样子。

气息奄奄 呼吸微弱，快要断气。形容人生命垂危。也形容事物衰败没落，即将灭亡。

奄奄一息 奄奄：气息微弱的样子。只剩下微弱的一口气。形容生命垂危，临近死亡。

息息相关 息：呼吸时进出的气息。一呼一吸相互关联。形容彼此的关系非常密切。

关门大吉 指商店倒闭或企业破产停业。

吉星高照 吉星：指福、禄、寿三星。吉祥之星高高照临。比喻交好运，好事临门。

照猫画虎 比喻照着样子模仿。

虎视眈眈 眈眈：注视的样子。像老虎那样凶狠地盯着。形容凶狠而贪婪地注视着，伺机攫取。

眈眈相向 彼此瞪着眼注视的样子。

向壁虚造 向壁：对着墙壁。虚造：虚构。即对着墙壁，凭空捏造。比喻无事实根据，凭空捏造。

造谣生事 制造谣言，挑起事端。

乐不思蜀

三国时期，蜀国在丞相诸葛亮死后，国力一落千丈，大不如前。

司马昭见蜀国日益衰弱，立即命钟会、邓艾为大将，兵分两路进攻蜀国。魏军长驱直入，逼近成都，刘禅被迫开城投降。

刘禅投降后，被押送到魏国都城许昌，司马昭建议魏主曹奂封他为安乐公，并将他迁居洛阳居住。刘禅的随行大臣郤正为他献计说："如果司马昭问起您想不想回蜀国，您就说'父母的坟墓都在那里，哪有不想回去的道理'，然后您就痛哭流涕。司马昭也许心一软，就放您回去了。"

几天后，司马昭举行宴会招待刘禅。酒席间，司马昭问刘禅，是否想回蜀国。刘禅把郤正教的一席话一字不漏地背了出来，然后装出很悲哀的样子，用衣袖掩住眼睛，假装擦眼泪。

司马昭听了刘禅的回答，不动声色地说："我听这话好像是郤正的口气。"刘禅吃惊地放下袖子说："是郤正说的，您怎么会知道？"司马昭很欣赏刘禅的诚实，没有往下追究，放松了对刘禅的戒备，并关照手下人好好照料他，安排好他的饮食起居。刘禅生活优越，心情非常愉快。

过了些天，司马昭再度举行宴会，请刘禅及蜀国归降的官员一同赴宴。宴会上，司马昭特地命人演奏蜀国音乐。蜀国官员听到故乡的音乐，都黯然神伤，默默不言，唯独刘禅谈笑风生。

司马昭又问刘禅还想不想回蜀国，刘禅很满足地说："在这里很舒服，蜀国有什么好想的！"司马昭听了之后，完全放下心来，悄悄地对他的亲信贾充说："人之无情，竟然到了这个地步，即使诸葛亮还活着，也不能辅佐好他，何况姜维呢！"刘禅就这样在洛阳安乐地度过了余生，留下了令人捧腹的"乐不思蜀"的典故。

蜀犬吠日

　　"蜀犬吠日"这个成语最早见于唐代柳宗元的《河东先生集》，在一篇名为《答韦中立论师道书》的文章中，柳宗元写道："仆往闻庸、蜀之南，恒雨少日，日出则犬吠。"虽然才情绝佳的柳宗元没有像白居易、元稹、刘禹锡、杜牧等诗人那样，与蜀中的美女诗人薛涛眉目传情、以诗唱和，但他对蜀中的地理和气候还是有所耳闻的。蜀中乃盆地，地势低洼，天气潮湿，常常多雾多阴多雨。当难得一见的太阳偶尔穿破云层，像个金色的圆盘挂在蜀地的上空时，那些浑身潮湿、躲在草垛或屋檐下的四川土狗就开始大惊小怪了。狗想，咱们蜀地的天空历来都是灰蒙蒙的，天宇就像一顶灰色的帐篷，时不时还淅淅沥沥地落下雨来，今天天空何以出现一个圆圆的金灿灿的东西呢？这到底是天空出了毛病，还是我们的眼睛出了毛病？

　　蜀中的土狗们睁着茫然而惊异的双眼仰望天空，神情中有五分紧张、三分惊异和两分搞不懂，山梁上的狗先叫起来，然后是村落和低洼处的狗齐声高吠，"汪汪"的犬吠声在盆地中此起彼伏，连成一片，构成古代蜀地奇特的景观。

　　尽管狗的叫声蔚为壮观，但"蜀犬吠日"这个成语无疑是贬义的。它从自然界的这一现象出发，讥讽了蜀地的自我封闭、少见多怪、目光短浅、不开化等陋习，是有点类似于"坐井观天"和"吴牛喘月"。"吴牛喘月"具有和"蜀犬吠日"相似的意境，传说江淮一带气候炎热，夜晚卧在草边、树下的水牛抬头望见月亮，就以为太阳出来了，脑子里顿时感到热辣辣的阳光辐射下来，怕热的吴牛就本能地喘起气来。大诗人李白的《丁都护歌》云："吴牛喘月时，拖船一何苦！"说的就是这个意思。

成语接龙

CHENGYU JIELONG

事不宜迟　　迟疑不决

决一雌雄　　雄才大略

略见一斑　　斑驳陆离

离心离德　　德薄才疏

疏不间亲　　亲痛仇快

快犊破车　　车马盈门

门庭若市　　市井小人

人心不古　　古为今用

成语释义

事不宜迟 事情要抓紧时机快做，不宜拖延。

迟疑不决 形容拿不定主意。犹豫疑惑，不能决定。

决一雌雄 雌雄：比喻高低、胜负。指较量一下胜败高低。

雄才大略 非常杰出的才智和远大的谋略。

略见一斑 略：大致。斑：斑点或斑纹。比喻从所看到的事物的一部分，可以大致推想事物的全部或整体。

斑驳陆离 斑驳：多种颜色夹杂在一起。陆离：色彩繁杂的样子。形容色彩纷繁杂乱。

离心离德 心：思想。德：信念。思想不统一，信念也不一致。指不团结，不一条心。

德薄才疏 薄：浅薄。疏：空虚。品行和才能都很差。常作自谦之辞。

疏不间亲 间：参与。关系疏远者不参与关系亲近者的事。

亲痛仇快 做事使自己人痛心，使敌人高兴。指某种举动只利于敌人，不利于自己。

快犊破车 跑得快的牛犊会把车拉翻。比喻年轻气盛的人做事不沉稳，容易出差错。

车马盈门 车子充满门庭，形容宾客很多。

门庭若市 门口和庭院里热闹得像集市一样。形容交际来往的人很多，热闹非凡。

市井小人 指城市中庸俗鄙陋之人。

人心不古 古：古朴，旧时认为古人的风尚淳朴。今指人心奸诈、刻薄，没有古人淳厚。

古为今用 批判、继承古代文化遗产，使之为今天服务。

门庭若市

战国时，齐国的相国邹忌身材高大，容貌端庄。他为劝说齐威王广开言路，鼓励群臣进谏，就给齐威王讲了这样一个故事：

一天早晨，他穿好朝服，戴好帽子，对着镜子端详了一番后问他的妻子："我和城北徐公比较起来，谁长得英俊？"你英俊极了，徐公怎么比得上你呢？"妻子说。

徐公是齐国出了名的美男子，邹忌听了妻子的话，并不太敢相信自己真的比徐公英俊，于是他又去问他的爱妾，爱妾回答说："徐公怎能比得上你呢？"

第二天，邹忌家中来了一位客人，邹忌又问了客人，客人说："徐公哪有你这样俊美呢？"过了几天，正巧徐公到邹忌家来拜访，邹忌便乘机仔细地打量徐公，拿他和自己比较。结果，他发现自己实在没有徐公漂亮。

于是，他对齐威王说："我本来不如徐公漂亮，但妻、妾、客人都说我比他漂亮。这是因为妻偏护我，妾畏惧我，客人有事求我，所以他们都恭维我，不说真话。而我们齐国地方这么大，宫中上下，谁不偏护您；满朝文武，谁不畏惧您；全国百姓谁不希望得到您的关怀。看来恭维您的人一定更多，您一定被蒙蔽得非常严重了！"邹忌又劝谏说："现在齐国地方千里，城池众多，大王接触的人也比我多得多，所受的蒙蔽也一定更多。大王如能开诚布公地征求意见，一定对国家有益。"齐威王听了，觉得很有道理，立刻下令说："无论是谁，能当面指出我过失的，给上赏；上奏章规劝我的，给中赏；在朝廷或街市中议论我的过失，并传到我耳中的，给下赏！"命令一下，群臣前去进谏的，一时川流不息，朝廷门口每天像集市一样热闹。

人心不古

元代的统治者出身于蒙古部族，爱好音乐与歌舞，此性格反映在文学上，于是就产生了丰富多样的戏剧与歌舞，散曲亦是其中一种新兴的文学体裁。

刘时中即为著名曲家之一。元顺帝天历二年，江西大旱，刘时中见到灾民受难的情况，于是作了两套散曲《端正好》，上呈江西道廉访使高纳麟。第一套的内容陈述饥荒时"谷不登，麦不长"，民无以食的悲惨遭遇，而且愤怒地斥责了奸商富豪趁火打劫的罪行，展现了元代社会严重的阶级压榨。第二套则揭露了官吏的无能与违法乱纪。他形容一群暴发户般的官员为"没见识的街市匹夫"，彼此狼狈为奸，勾结作恶，尽日将精力耗费在吃喝嫖赌，完全不顾百姓生计。他还申辩说："不是我要讲他们的坏话，但怎么能眼睁睁地看着邪恶战胜正义呢？这些官吏根本完全丧失了旧时代的淳朴，他们明明是人，但行事却如禽兽一般。"

后来，人心不古演变为成语，用来感叹失去古人的忠厚淳朴。

试试看，你能不能把这条龙接上？

井蛙之　□　缝插　□　锋相　□　牛弹　□　棋书　□　地为　□　不可　□

涕为　□　里藏　□　山火　□　外奇　□　何容　□　如反　□　上明　□

围翠　□　梁之　□　容笑　□　合神　□　群索　□　安思危

成语接龙

CHENGYU JIELONG

用武之地　　　地广人稀

稀世之宝　　　宝山空回

回肠荡气　　　气象万千

千里之行，始于足下

下车伊始　　　始终如一

一步登天　　　天各一方

方寸大乱　　　乱世英雄

雄心勃勃　　　勃然大怒

成语释义

用武之地 形容地形险要，利于作战的地方。比喻可以施展自己才能的地方或机会。

地广人稀 地方大，人烟少。

稀世之宝 稀世：世所稀有。世上稀有的珍宝。也作"希世之宝"。

宝山空回 走进到处是宝物的山里，却空手出来。比喻置身于某种优越的环境，本来应该有丰富的收获，却一无所得（多指求知）。

回肠荡气 回：回转。荡：动摇。使肝肠回旋，使心气激荡。形容文章、乐曲等婉转缠绵，感人至深。

气象万千 气象：情景。形容景象或事物壮丽而多变。

千里之行，始于足下 走一千里路，是从迈第一步开始的。比喻要实现伟大的目标，须从小处逐步做起。

下车伊始 伊：文言助词。始：开始。旧指新官刚到任。现多指带着工作任务刚到一个地方。

始终如一 始：开始。终：结束。自始至终一个样子。指能坚持，不间断。

一步登天 一步跨上青天。比喻一下子就达到很高的境界或程度。有时也用来比喻人突然得志，一下子爬上高位。

天各一方 指各在天底下的一个地方。形容相隔极远，见面很困难。

方寸大乱 方寸：指心、思绪。形容心情不好，思绪很乱。

乱世英雄 乱世：动乱的不安定的时代。英雄：才能勇武超过常人的人。混乱动荡时代中的杰出人物。

雄心勃勃 勃勃：旺盛的样子。形容雄心很大，很有理想。

勃然大怒 勃然：因发怒而脸变色的样子。形容人大怒的样子。

用武之地

　　东汉末年，曹操在打败袁绍之后，率领大军南征荆州。这时候，荆州牧刘表刚刚去世，他的两个儿子起内讧，争夺荆州的统治权。最后，小儿子刘琮继承了他的职位。刘琮年幼无知，被曹操吓破了胆，准备开城投降。

　　这时，刘备驻守在襄阳附近的樊城，在和曹操的先头部队的交锋中吃了亏，打了败仗，只好率领部下向南撤退，准备退入城中和刘琮一起抗敌。但是刘备在刘表的两个儿子的争斗中，是支持大儿子刘琦的。因此，撤军时，刘琮命令紧闭城门，不放刘备进来。诸葛亮这时劝说刘备趁机攻占襄阳，然后利用威望联合军民抗击曹操。

　　刘备并没有听从诸葛亮的意见，而是命令继续南下，朝江陵方向撤退，投靠驻守在江陵的刘琦。在行军的途中，刘备的队伍不断收留逃难的平民，整个队伍迅速膨胀，行动非常缓慢。尽管每天只能行进数十里，但是刘备仍然跟随整个部队行进，没有抛弃尾随自己的民众。然而，曹操的军队却越来越近，情势已经处在非常危险的境地了。

　　曹军势如破竹，一路杀到了襄阳。刘琮果然开城投降。曹操了解到刘备已率众南下，便派五千骑兵追击。不出几日，就在当阳的长坂坡追上了刘备的队伍。这支混杂的队伍，当然不是曹操骑兵的对手。刘备、诸葛亮等少数人突围而出，退到了樊口。

　　这时候，曹操的大军已经从江陵顺江东下。诸葛亮对刘备说："现在情势危急，还是让我去向孙将军求援吧。"孙将军就是东吴的孙权。刘备同意诸葛亮的意见，让他去见孙权。

　　此时，孙权正率军驻扎在柴桑坐山观虎斗。诸葛亮见到他后劝说道："当今天下大乱，将军占据了江东，刘将军也在汉水之南招募队伍，和曹操争夺天下。现在，曹操平定北方后，又攻下荆州，威镇四海。而刘将军这

样的英雄却无所用武，所以退到这里。"

接着，诸葛亮故意激孙权道："希望孙将军掂量一下自己的实力：如果能以江东和曹操对抗，那就应该趁早跟曹操断绝关系；如果不能，那为什么不向曹操投降呢？现在孙将军表面上服从曹操，内心却犹豫不决。一个人在紧急关头不能当机立断，大祸临头的日子恐怕也就不远啦！"

孙权听了很恼火，反问道："既然如此，刘将军为什么不投降曹操呢？"

诸葛亮回答道："刘备是王室的后代，他的英雄才气盖世无双，天下人都敬慕他，他怎肯投降呢？"孙权后来果然被诸葛亮说服，于是他和刘备结盟共同抗击曹操。最后，孙刘联军在赤壁之战中打败曹操，形成了天下三足鼎立的局势。

千里之行，始于足下

老子是春秋时期著名的哲学家，关于他的名字有很多有趣的传说。

据说老子的母亲理氏有一天正在村头的河边洗衣服，忽见上游漂下一个黄澄澄的李子。理氏忙用树枝将这个拳头大小的黄李子捞了上来。到了中午，理氏又热又渴，便将这个李子吃了下去。不久，理氏怀了身孕，而且一怀就怀了八十一年，最后生下了一个男孩。这男孩一生下来就白眉白发，白白的大络腮胡子。因此，理氏给他取名叫"老子"。老子生下来就会说话，他指着院子中的一棵李子树，对母亲说："李就是我的姓。"

老子后来做过周朝的"守藏室之史"的官，这是一个管理藏书的官职。因为这个缘故，老子知识渊博，在当时名声很大。孔子年轻时曾经专门拜访过老子，向他请教周朝的礼仪。老子写过一本只有五千字的书，名字是《道德经》。书中讲了很多能启发人的道理。老子说："合抱之木，生于毫末；九层之台，起于累土；千里之行，始于足下。"意思是说，双臂合抱的大树，是从细小的幼芽开始长成的；很多层的高台，是从第一筐泥土开始垒起来的；千里远的路程，是从脚下第一步开始才能走完的。在这里，

老子用生动的事例说明事物都是从小到大发展变化的。

后人将"千里之行，始于足下"作为成语，比喻事情总是从头开始，逐步发展的。

"双胞胎"成语。

呼（　）引伴	水落石（　）	披荆斩（　）
（　）（　）益善	虎视（　）（　）	高（　）满座
世态（　）凉	（　）生入死	（　）（　）无闻

成语接龙

CHENGYU JIELONG

怒目而**视**　　　**视**而不**见**

见多识**广**　　　**广**开言**路**

路遥知马力，日久见人**心**

心如铁**石**　　　**石**破天**惊**

惊慌失**措**　　　**措**手不**及**

及时行**乐**　　　**乐**不可**支**

支离破**碎**　　　**碎**琼乱**玉**

玉貌花**容**　　　**容**光焕**发**

成语释义

怒目而视 睁圆了眼睛怒视着。形容正要大发脾气的神情。

视而不见 指不注意，不重视，睁着眼却没看见。也指不理睬，看见了当作没看见。

见多识广 识：知识。见过的事情多，知识面广。形容阅历深，经验多。

广开言路 广：扩大。言路：进言的道路。指尽量创造条件，让人发表意见。

路遥知马力，日久见人心 路途遥远才能知道马耐力的大小，日子长了才能看出人心的好坏。指时间可以检验一切。

心如铁石 心像铁石一样坚硬。比喻心肠硬或意志十分坚决。

石破天惊 原形容演奏箜篌的声音高亢激荡，惊天动地。后多比喻文章、议论新奇惊人或事情出人意料。

惊慌失措 失措：失去常态。由于惊慌，一下子不知怎么办才好。

措手不及 措手：着手处理。不及：来不及动手应付。指事出意外，一时无法对付。

及时行乐 抓紧时机，寻欢作乐。

乐不可支 支：支撑。快乐到不能支撑的地步。形容欣喜到极点。

支离破碎 支离：零散，残缺。形容事物零散破碎，不完整。

碎琼乱玉 比喻雪花。

玉貌花容 形容长得漂亮，如花似玉。

容光焕发 容光：脸上的光彩。焕发：光彩四射的样子。形容身体好，精神饱满。

广开言路

唐高祖李渊死后，雄才大略的李世民当了皇帝，史称唐太宗。他即位之初即专设谏官，要求随时跟在自己左右。并要求三品以上官员入朝议事，每次必须有至少一位谏官参加，做到有失必谏。大理寺少卿孙伏伽多次在小事上劝谏，李世民不但不怒，反而予以嘉奖，升为谏议大夫。如此一来，大臣们都知无不言，毫无忌讳。于是言路广开，"直谏""忠谏"成为风尚。

尤其是谏议大夫魏徵，更是以敢于"犯颜直谏"著称。

有一次，李世民问魏徵："当皇帝的怎样才会明智清醒，怎样就会愚昧糊涂？"

魏徵回答说："兼听则明，偏信则暗。也就是说，听取多方面的意见才会明智清醒，偏信一方面的话就会愚昧糊涂。"

李世民请魏徵说下去。魏徵于是举例论述说："从前尧帝详细询问老百姓，所以知道民生疾苦。舜帝听取多方面的意见，所以治水无能的官员不能蒙蔽他。相反，秦二世偏信宦官赵高一人的话，结果在望夷宫被他杀害。梁武帝偏信朱异的话，没有及早攻打侯景，结果被侯景攻陷台城，忧愤而死。又如隋炀帝偏信虞世基，天下本已动荡不安，虞世基却不让炀帝知道情况，炀帝也照样寻欢作乐，结果被身边的人杀死。所以，做皇帝的能够广泛听取和接受多方面的意见，就不会被一两个大臣蒙在鼓里，就会知道下面的情况，从而明辨是非，出正确的决策。"

李世民听后说："是啊！"从此更加注意广开言路，倾听多方面的意见。

乐不可支

　　东汉初年,有个名叫张堪的官员,他能文能武,为人贤良、忠厚,很受汉光武帝刘秀的器重。刘秀当皇帝前就认识他,刘秀登基后,更是一次次地提拔张堪。于是,有的大臣就心怀不满,常在私下里议论张堪,路上遇见了他,就对他冷嘲热讽,张堪对此一笑置之。

　　当时,原先的蜀郡太守公孙述眼看着蜀地物产丰富,百姓和乐,竟然在蜀地成都称帝了。周边各省告急的文书雪片一样送往都城,刘秀就派了大司马吴汉前去讨伐。但是,刘秀很不放心,他决定派自己一向非常看重的张堪也随军前往。

　　没想到吴汉攻下成都,平定蜀地以后,不顾张堪的劝阻,一意孤行地把公孙述的宫室也给烧了,指挥士兵杀了许多无辜的百姓,还纵容士兵无法无天地抢掠百姓财物……一时间,官兵的所作所为跟土匪、强盗没什么分别。蜀地百姓怨声载道,苦不堪言。

　　归朝后,刘秀得知这种情况,十分生气,把吴汉臭骂了一通。为了收拾残局,安抚民心,刘秀任命张堪当蜀郡太守。

　　张堪到任

以后，检查府库，清点财物，安抚百姓。他赏罚分明，令行禁止，深受属下和百姓们的爱戴。他在蜀郡当太守，只用了两年时间，就把蜀郡治理得秩序井然，百姓安居乐业。

他还亲自率军击退了来犯的匈奴，使边境太平无事。

后来，张堪又调任渔阳太守。他采取种种措施鼓励百姓开荒种地，发展生产。经过几年的治理，渔阳的百姓也都过上了富裕的日子。百姓们非常拥戴他，还编了一首歌来颂扬张堪的政绩："桑树没有多余的树枝，麦子一枝结了两穗。张君在这里当政，百姓都快乐得不能自持。"

填填成语，看看你发现了什么规律？

名		尽	
	水		合
孙		皆	
	山		知

成语接龙

发愤忘**食**	**食**言而**肥**
肥头大**耳**	**耳**提面**命**
命若悬**丝**	**丝**丝入**扣**
扣人心**弦**	**弦**外之**意**
意味深**长**	**长**驱直**入**
入土为**安**	**安**土重**迁**
迁客骚**人**	**人**去楼**空**
空谷足**音**	**音**容宛**在**

成语释义

发愤忘食 努力学习或工作，连吃饭都忘了。

食言而肥 食言：失信。指为了自己占便宜而说话不算数，不守信用。

肥头大耳 一个肥胖的脑袋，两只大耳朵。过去形容人有福相，现在形容体态肥胖。

耳提面命 不仅是当面告诉他，而且是提着他的耳朵向他讲。形容严格要求，恳切教导。

命若悬丝 比喻生命垂危。

丝丝入扣 扣：织机上的主要机件之一。织布时每条丝线都要从筘齿间穿过。比喻做得十分细致，有条不紊，一一合拍。多指文章写作或文艺表演。

扣人心弦 扣：敲打。心弦：指因感动而引起共鸣反应的心。形容言论或表演深深地打动人心。又作"动人心弦"。用来形容事物能深深地牵动人心。

弦外之意 弦：乐器上发音的丝线。比喻话语或文章中蕴涵的言外之意。

意味深长 意味：情调，趣味。意思含蓄深远，耐人寻味。

长驱直入 长驱：不停顿地策马快跑。直入：径直进入。指长距离不停顿地快速行进。形容进军迅猛，不可阻挡。

入土为安 旧时土葬，人死后埋入土中，死者方得安顿。

安土重迁 土：乡土。重：看得重，不轻易做。安于本乡本土，不愿轻易迁移。

迁客骚人 迁客：被贬谪到外地的官吏。骚人：泛指诗人、文人。贬黜流放的官吏，多愁善感的诗人。泛指忧愁失意的官吏、文人。

人去楼空 人已离去，楼中空空。比喻故地重游时睹物思人的感慨。

空谷足音 在寂静的山谷里听到脚步声。比喻极难得的音信、言论或事物。

音容宛在 形容人死后声音、容貌似乎仍然留在人们的记忆中。

弦外之意

有一户农家，住在半山腰上，平日辛勤种田，生活虽不富裕，但还算过得去，只是如果有个额外的开销，经济就会变得很吃紧。

一天，男主人一个很久以前认识的朋友前来拜访。两人虽然很少见面，但是交情还算不错。见他千里迢迢来访，一家人非常高兴，于是好酒好菜招待。谁知这位客人一住下来，就没完没了了，而且也没有打道回府的意思。

这时候，家里的菜已经快要吃光了，偏偏正逢梅雨季节，外面的雨从来没有停过，无法下山去买些存粮。主人夫妇很是着急。

隔天，吃完饭后，主人陪着客人聊天，看看窗外的景致，谈谈过往的回忆。这时候，主人忽然看到庭院的树上有一只鸟正在躲雨，而且这只鸟的体型非常大，是以前都没有见过的鸟。于是，主人灵机一动，对着客人说："你远道而来，这几天我都没有准备什么丰富的菜肴招待你，真是不好意思！"

"别这么说，我觉得一切都很好，不但你和嫂子款待周到，而且吃得好、睡得好，感激不尽呢！"

"看，窗外树上有一只鸟，以前见过吗？"

"看到了。怎么啦？"

"我等一下准备拿斧头把树砍了，然后抓那只鸟来煮，晚上我们喝酒时，就有下酒菜了，你觉得如何？"

客人想了半天，十分疑惑地问："当你砍树的时候，可能鸟儿早就飞掉了吧，你怎么抓它呢？"

主人看着完全不了解自己用心的客人，说："怎么会呢，在这个人世间，还有更多不知人情世故的呆鸟，大树都已经倒了，都还不知道要飞呢！"

长驱直入

　　赤壁大战之后，刘备在诸葛亮的辅佐下，不久便夺取了益州和汉中。

　　这时，关羽从荆州起兵进取中原。曹操得到消息，马上任命于禁为大将，西凉降将庞德为前部先锋，率军正面迎战关羽。

　　关羽率荆州军英勇杀敌，一路攻无不克，战无不胜。先后攻占襄阳、樊城，占据了汉水的上游要地。于禁奉曹操之命率军与关羽交战，他在汉水下游扎下营寨。关羽看到于禁如此布置，心中暗暗高兴，命人掘开汉水之堤。霎时间，于禁所率七军将士全部被大水吞没。

　　关羽不给曹军半刻喘息之机，亲自乘船指挥大军对曹军进行围杀。于禁与他的部将想逃到高处，但江水如猛兽般咆哮而至。曹兵在洪水中挣扎逃命，但哪里能逃得出去。关羽的战船所到之处，兵士们挥动手中的刀剑，如砍瓜切菜，直杀得曹兵非死即降。

　　于禁见无路可逃，而且大势已去，回去曹操对他也是定斩不饶，只好向关羽投降。部将庞德，虽然被俘，但拒不投降，最后被杀。这一仗下来，曹军损失惨重，而关羽所率之军士气旺盛，难以抵抗。曹操为避其锋芒，与手下人商量，准备迁都他地。

　　曹操一提出这个想法，

主簿司马懿马上劝阻说:"主公,臣以为这个时候迁都,会引起天下震动,而民心一散,将来就很难挽回败局。以臣之见,不如另派大将迎敌!"

此时,大将徐晃挺身而出,自告奋勇,愿统率大军抵挡关羽。

东吴大将吕蒙探听到关羽大军远征,知道荆州肯定兵力薄弱,守备力量不强,命吴军装扮成商人,悄悄混入荆州作为内应,结果一举偷袭成功,荆州留守将领糜芳兵败投降东吴,荆州失守了。

关羽听说荆州失守,不禁大为吃惊。他一面分兵收复荆州,一面急急忙忙与徐晃交战。徐晃当时所率的士兵多为没有经过正规训练、没有战斗经验的新兵,所以他不敢轻易率军与关羽正面作战,而将部队驻扎在阳陵固守。曹操看到这些新兵无论如何也难与关羽的大军对抗,便将殷署、朱盖所率的二十营士兵划归徐晃指挥,徐晃兵力得到补充,一时士气大振,他决心与关羽一决雌雄。

关羽的大军一直是胜利之师,现在虽然分出一部分去收复荆州,但兵力仍然很强。他将兵分屯两处,一处在围头,一处在四冢。

徐晃见关羽兵屯两处,便放出口风说要攻取围头,其实他将矛头对准了四冢。发起攻击后,关羽看到四冢吃紧,怕它失守,亲率五千兵马增援,他哪里料到,徐晃是发全部兵马来攻打。由于众寡悬殊,关羽被杀得大败。徐晃率领大军乘胜追击,直扑关羽大营,左冲右突,连破数十障碍,最后大获全胜。

曹操得到消息,心中大喜,立即写下《劳徐晃令》,其中写道:"我用兵30年,所知古时善用兵者不少,但没有像你这样直入重围取胜的战例(未有长驱径入敌围者也),你的功劳比孙武的还大。"

成语接龙

在所不惜	惜墨如金
金戈铁马	马首是瞻
瞻前顾后	后来居上
上下其手	手到擒来
来历不明	明哲保身
身经百战	战火纷飞
飞沙走石	石沉大海
海外奇谈	谈笑自若

成语释义

在所不惜 在：处于。表示即使发生某种情况，也绝不吝惜（多用在付出较大的代价）。

惜墨如金 惜：爱惜。本意为爱惜笔墨像吝惜金子一样。原指作画时先淡后浓，不轻易用重墨。后指写字、作画、作文态度严谨，力求精练。

金戈铁马 兵器闪耀着金光，马配备了铁甲。比喻战争或其他军事行动。

马首是瞻 瞻：往前或向上看。看着马头的方向，决定进退。比喻服从指挥或追随某人行动。

瞻前顾后 瞻：向前望。顾：回头看。原形容做事谨慎，考虑周密。现也形容顾虑太多，犹豫不决。

后来居上 泛指后来的超过先前的。

上下其手 比喻暗中勾结，随意玩弄手法，串通作弊。

手到擒来 擒：捉。原指作战时一下子就能把敌人捉拿过来，后比喻做事有把握，不费力就做好了。

来历不明 来历：由来。人或事物的来历与经过不清楚。

明哲保身 明智的人善于保全自己。现指因怕连累自己而回避原则问题的处世态度。

身经百战 亲身经历过很多次战斗。比喻历练多，经验丰富。

战火纷飞 形容战斗频繁、激烈。

飞沙走石 沙土飞扬，石块滚动。形容风势狂暴。

石沉大海 把石头扔到海里会沉下去，再也找不到。比喻从此以后再也没有消息，或者比喻投入的东西得不到回报。

海外奇谈 奇谈：奇怪的说法。指稀奇古怪的谈论或传说。

谈笑自若 指在异常的情况下，有说有笑，同平常一样。比喻遇事镇定。

马首是瞻

春秋时期，秦国十分强大，常欺负那些弱小的诸侯国，引起了众诸侯国的强烈不满。公元前559年，晋悼公联合其他诸侯国，组成了一支联军去攻伐秦国。

指挥诸侯联军的是晋国的大将荀偃。他是一个头脑简单，没有什么智慧的人，只是凭借一身之勇才身居现在的高位。他理所当然地认为：秦国得知诸侯联军来进攻，肯定会惊慌失措，所以这场战争很容易取胜。但是他丝毫没想到联军内部的人各怀异志，心不齐，士气也很低落。

秦国的国君得知这些情况，一点儿也不怕，根本就没有求和的意思，而且还积极地推进这场战争。秦国的将领还指使秦军在泾河的上游下毒，毒死了不少饮用了泾河河水的联军士兵。

一时间，士兵们看着同伴的尸体，心如刀割。渐渐地，军心涣散，联军士兵的士气更加低沉了。而各国将领都很聪

264

明，他们都懂得见机行事，仗还没开始打，就开始想一些逃离的办法了。

在这种情况之下，荀偃作为主帅，却丝毫不能体察士兵的心情，完全没有注意到联军将领的动向。他急功近利，只想早点儿发动总攻，好建功立业。

他趾高气扬地向联军将领发布命令说："明天早上鸡一叫，我们就准备进攻。各军都要拆掉土灶，填平水井，以便布阵。作战时，大家都看着我的马头来行动。我指向哪里，大家就奔向哪里。"

联军将领们本来就不喜欢他这种做什么都拿出大国将领的做派，此时，听了他的话，觉得他太专横了，很反感，议论声一片。这时，有个晋国将领高声喊道："这恐怕只是您个人的想法吧。我也是晋国的将领，但据我所知，晋侯从来就没有下过这种命令。你要向西去打秦国，那你自己去吧，我的马头可要向东，回我们晋国去了。"

其他诸侯国的将领看到晋国的将领都带兵回国了，也纷纷撤回自己国家去了。攻伐秦国的联军顿时不战自乱。荀偃眼看局势已无法挽回，也只好狼狈地撤军了。

明哲保身

西周周宣王在位期间，朝廷有两位大臣，一位叫尹吉甫，一位叫仲山甫。他们辅佐周宣王，立下了汗马功劳。尹吉甫名甲，字伯吉父（一作甫），尹是官名。他曾领兵打退过西北方猃狁族的进攻，还曾奉命在成周（今河南洛阳东）一带征收南淮夷等族的贡赋。仲山甫（一作父），因为被封在樊地（今湖北襄樊），所以也称樊仲、樊穆仲。仲山甫很有见识，敢于直谏，深受大家的敬重。当时，鲁武公有两个儿子，大儿子叫姬括，小儿子叫姬戏。周宣王竟然武断地将戏立为鲁国太子。这种废长立幼的做法，违背了当时的规矩，很容易酿成内部的动乱。仲山甫极力谏阻，周宣王不听，坚持立戏为太子。后来戏继位为懿公，鲁国人果然不服，不久就杀了鲁懿公。

后来，周宣王为了防御西北各部族的进攻，命令仲山甫到齐地去筑城。这时，尹吉甫写了一首诗送给仲山甫，诗中赞美了仲山甫的品德和才能，当然也对周宣王任贤使能，使周朝得以中兴作了一番歌颂。这首诗就是《诗经·大雅》里的《烝民》，它一共有八章，其中第四章写道："肃肃王命，仲山甫将之。邦国若否，仲山甫明之。既明且哲，以保其身。夙夜匪解，以事一人。"它的意思是说：天子之命很严肃，山甫奉命就启程。国家社会好和坏，山甫眼里看得清。聪明智慧懂事理，高风亮节万年长。昼夜操劳不懈怠，竭诚辅佐我周王。

意思相近的打"√"，不同的打"×"。

1. 背道而驰　　　殊途同归（　　　）
2. 变化多端　　　变幻莫测（　　　）
3. 百折不挠　　　百废待举（　　　）
4. 班门弄斧　　　本末倒置（　　　）

成语接龙

CHENGYU JIELONG

若明若暗	暗无天日
日理万机	机不可失
失而复得	得天独厚
厚古薄今	今是昨非
非同儿戏	戏如人生
生不逢时	时不我待
待人接物	物竞天择
择善而从	从善如流

成语释义

若明若暗 好像明亮，又好像昏暗。指光线模糊不清。也比喻对情况的了解或对问题的认识不清楚。

暗无天日 昏暗得看不到天上的日光。形容反动势力统治下社会的黑暗或形容没有亮光，十分幽暗。

日理万机 理：处理，办理。机：事务，特指政事。指每天处理成千上万纷繁的政务。形容工作繁重。

机不可失 机：机会，时机。好的时机不可放过，失掉了不会再来。

失而复得 指东西失去后又再次得到。

得天独厚 天：上天。厚：厚待。得到上天的特别的厚待。多指人具备的条件特别优越，所处环境特别好。

厚古薄今 厚：推崇，重视。薄：轻视，怠慢。推崇古代的，轻视现代的。

今是昨非 现在是对的，过去是错的。指认识到过去的错误。

非同儿戏 比喻事情很重要，不是闹着玩的。

戏如人生 戏和人的生活息息相关，戏是人生百态的反映，可以看作是生活在艺术上的升华再现。

生不逢时 生下来没有遇到好时候。多用于指命运不好。

时不我待 我待："待我"的倒装，等待我。时间不会等待我们。指要抓紧时间。

待人接物 物：众人。接物：与人接触。指跟别人往来接触。

物竞天择 竞：竞争。择：选择。指自然界生物相互竞争，能适应者生存下来。原指生物进化的一般规律，后也用于人类社会的发展。

择善而从 从：追随，跟从。指选择好的方面学。多指采纳好的意见或建议加以实行。

从善如流 从：听从。善：好的，正确的。如流：像流水一样，比喻迅速。听取正确的意见或接受善意的规劝像流水那样快而自然。形容非常愿意听从正确的意见。

暗无天日

清朝康熙年间，盱眙县知县朱宏祥被提升为闽浙总督。他到广东不到半年，就使广东全省利兴弊除。

然而，在朱宏祥到广东以前，这里往来的商旅不知死了多少，但就是找不到凶手，一桩桩都成了无头冤案。譬如：朱肇运主仆2命尽丧；吴学伊主仆3命尽丧；谢俊卿家男女5命尽丧。这些人的死，都是凶手将他们的肚子剖开，将石头放进他们的肚子里，然后沉入水底的。

据说，朱宏祥一到任，城隍认定他是清官，就前去告诉他上述凶杀案都是老龙船户干的。

朱宏祥听到这一报告后，就到广东东北老龙津这个地方去捉拿凶手，结果擒获了50多名驾船人。经审讯，才知道他们是以舟渡商旅为名，诳客人登上他们的船，再通过放蒙药或烧闷香使客人昏迷，然后下手将客人剖腹纳石，沉入水底。这些船户结帮为害，致使这个地方社会极端黑暗。"暗无天日"就出自于这个故事。

对于这个故事，《聊斋志异·老龙船户》有这样的记载："剖腹沉石，惨冤已甚，而木雕之有司，绝不少关痛痒，岂特粤东之暗无天日哉！"这段话讲得很清楚，那些泥塑木雕一样对百姓痛痒不闻不问的官员，虽然"出则刀戟横路，入则兰麝熏心"，冠冕堂皇，炙手可热，其实同杀人越货的江洋大盗没有什么区别。可惜的是，这样暗无天日的政治，并不只有粤东一地，而是具有相当的普遍性。

从善如流

公元前585年，郑国不敌楚国的进攻，求救于晋国。晋将栾书奉命前去救援，使楚军退兵回国。后栾书又去攻打蔡国，蔡国急忙向楚国求救。楚国只好派公子申和公子成率军救蔡。晋大将赵同和赵括向栾书请战，准备率兵攻打援蔡的楚军。这时，栾书的部下知庄子、范文子、韩献子阻止说，此次与楚军交战，胜了也不光荣，败了则会令人羞耻，于是建议收兵回国。栾书采纳了他们的建议。军中有人对此持异议，认为辅佐栾书的有十一个人，只有知庄子等三人主张收兵，而主战的人占多数，因此应按多数人的想法行事。栾书回答："正确的意见才能代表多数。知庄子他们是贤人，他们的正确意见便能代表多数人的想法。"于是，他下令退兵回国。

过了两年，栾书率兵攻下蔡国后，又想去攻打楚国。知庄子、范文子、韩献子等人分析了具体情况后，又建议栾书暂时不要攻打楚国，而去攻沈国。栾书又一次采纳了他们的建议。栾书能正确听取部下的意见，时人便称赞栾书从善如流，意思是说："栾书听从好的、正确的意见，就像流水向下流那样，迅速而又自然。"

成语接龙

CHENGYU JIELONG

流芳百世　　世态人情

情景交融　　融会贯通

通风报信　　信口开河

河倾月落　　落井下石

石火光阴　　阴错阳差

差强人意　　意气相投

投机取巧　　巧言令色

色厉内荏　　荏苒日月

成语释义

流芳百世 指好名声在后世永远流传。

世态人情 指人与人之间交往的情分和态度。

情景交融 指文艺作品中环境的描写、气氛的渲染跟人物思想感情的抒发结合得很紧密。

融会贯通 融会：融合领会。贯通：全面透彻地了解。把各方面的知识和道理融化汇合，得到全面透彻的理解。

通风报信 风：消息。指暗中传递消息。

信口开河 指随口乱说一气。

河倾月落 表示夜将尽。

落井下石 看见人掉进陷阱里，不伸手救他，反而又扔下石头。比喻乘人有危难时，加以打击陷害。

石火光阴 表示光阴之迅速，一眨眼就过去了。

阴错阳差 指由于各种偶然的因素凑在一起而造成差错。

差强人意 差：尚，略。强：振奋。还能振奋人们的意志或勉强使人满意。

意气相投 意气：志趣性格。投：合得来。指志趣和性格相同，彼此投合。

投机取巧 投机：利用时机谋取私利。指利用时机，以不正当的手段谋取不正当的利益。

巧言令色 巧言：花言巧语。令：善，美好。指用花言巧语和谄媚伪善的面目讨好别人。

色厉内荏 色：神色，样子。厉：凶猛。荏：怯弱。外表强硬，内心怯弱。

荏苒日月 荏苒：时光渐渐过去。指日月交替运行，时光渐渐消逝。

差强人意

吴汉是刘秀的一个部下，平常不太喜欢说话，个性也是直来直去。刚开始，刘秀没有很注意他，后来听到一些将军常常称赞吴汉，才开始注意到他，还拜他做大将军。

刘秀想调发幽州兵马，就连夜召见邓禹，问他谁能担当此任。邓禹说："闲数与吴汉言，其人勇鸷有智谋，诸将鲜能及者。"（《后汉书·吴汉列传》）光武帝便任命吴汉为大将军，命他持节到北方去征调十郡突骑（精锐骑兵）。从此以后，吴汉帮刘秀打了许多次胜仗，立下了不少功劳。

吴汉不但勇敢，对刘秀也十分忠心。每次出外作战，总是紧紧跟着刘秀，而且只要刘秀没睡，他不但不肯先睡，而且恭敬地站在一旁。偶尔打仗输了，每个人都提不起精神来，吴汉总是鼓励大家不要悲观，应该振作起来，准备继续作战。

有一次，刘秀输了，心情不是很好，其他将军也失去了斗志。可是吴汉却和士兵们一起整理武器，审阅兵马。刘秀知道这些事后，再看看眼前这些垂头丧气的将军们，很感叹地说："只有吴将军率军有方，振奋人心，有他就算有一国了。"

刘秀北征，吴汉常率五千精锐骑兵为先锋，屡次率先登城，攻破敌阵。河北平定之后，吴汉和诸将一起拥立刘秀即皇帝位，光武帝刘秀封吴汉为大司马，更封舞阳侯。

投机取巧

子贡是孔子弟子中的聪明人,他洞达世事人情,擅长辩论和经商,是孔门三千弟子中的首富,能够和当时的诸侯分庭抗礼。用今天的话讲,子贡是一位叱咤风云的国际名流、商业巨子、社会活动家和思想家。这样一个聪明人,当看到老人抱着大瓮往返于水井和菜园之间劳累而低效率地浇灌时,当然会忍不住善意提醒一下对方,"有一种名为槔的机械,可以毫不费力地一天灌溉上百畦菜园,你干嘛不试试呢?"不料这一提醒却招致了老人的鄙视:"有机械者必有机事,有机事者必有机心。机心存于胸中则纯白不备。纯白不备则神生不定,神生不定者,道之所不载也。吾非不知,羞而不为也。"老人认为,使用机械与否看似是小事,却关系到人生能不能得"道"的终极意义。那些使用机械的人就会做投机取巧之事,生出投机取巧之心,进而使心地不再纯洁坚贞,神气飘移不定,这样就永远不能领悟"道"的真谛了。正因为这样,老人羞于使用这种机械,甘愿用最原始的方法来浇灌菜园。孔子称赞老人是贤人。

这种机械技术存在的根据,就在于产业社会人们的基本态度,其实也就是子贡的态度,即以最小的费用收到最大限度的效果("用力甚寡而见功多")的经济原则。在子贡看来,耕耘的老人并未遵循经济原则。可是,对于子贡的劝告,老人回答说,自身并不是不知道机械,而是忧患以机械惹起机心,所以不使用桔槔。如果这种思想占据统治地位后,必然对科学发展造成阻碍。

成语接龙

月章星句　　句斟字酌

酌水知源　　源源不断

断章取义　　义不容辞

辞旧迎新　　新仇旧恨

恨铁不成钢　　钢筋铁骨

骨肉相连　　连中三元

元龙高卧　　卧薪尝胆

胆大包天　　天荒地老

成语释义

月章星句 形容文章优美，辞藻华丽。

句斟字酌 一字一句地推敲琢磨，形容写文章或说话时慎重细致。

酌水知源 饮水时要明白它的来源。比喻不忘本。

源源不断 形容接连不断，连绵不绝。

断章取义 断：截断。指不顾全篇文章或谈话的内容，孤立地取其中的一段或一句的意思。

义不容辞 义：道义。容：允许。辞：推辞。道义上不允许推辞。表示理应接受。

辞旧迎新 辞：告别。迎：迎接。指告别旧的一年，迎接新的一年，即庆贺新年的意思。

新仇旧恨 新近的和往日的仇恨。形容仇恨深。

恨铁不成钢 比喻因所期望的人不争气、不上进而感到不满。

钢筋铁骨 筋骨像钢铁打铸的一般。形容身体健壮有力或意志坚强不屈。

骨肉相连 像骨头和肉一样互相连接着。比喻关系非常密切，不可分离。

连中三元 三元：科举制度称乡试、会试、殿试的第一名为解元、会元、状元，合称"三元"。指接连在乡试、会试、殿试中考中了第一名。

元龙高卧 元龙：三国时陈登，字元龙。原指陈登自卧大床，让客人睡下床。后比喻对客人怠慢无礼。也用来指主人有豪气，看不起庸俗的客人。

卧薪尝胆 薪：柴草。睡觉睡在柴草上，吃饭睡觉前都尝一尝苦胆。形容人刻苦自励，发愤图强。

胆大包天 形容胆量极大（多用于贬义）。

天荒地老 指经历的时间极久。

连中三元

什么叫作"连中三元"呢，古代的科举考试分为乡试、会试、殿试，如果在三级考试中都取得第一名，就叫作"连中三元"，而"连中三元"一词则是出自明朝冯梦龙的小说《警世通言》。

那么，谁是这个科举史上连中三元的第一人呢？严格说来，有据可考的应该是唐德宗建中二年（781年）及第的辛酉科状元崔元翰。

崔元翰，名鹏，字以行。博陵安平（今河北定州）人。生于唐玄宗开元十七年（729年），卒于唐德宗贞元十一年（795年）。崔元翰可以说是出生在一个书香门第的家庭。他的父亲是崔良佐，因为母亲，即崔元翰的奶奶过世而隐居，开始治学著书。堂叔是崔日用，崔日用也是进士出身，当过吏部尚书，爵封"齐国公"。

出身于书香门第之家的崔元翰通经史、工诗文，不过却到了将近五十岁时才举进士。然而他的府试、省试皆第一，中状元后，博学宏词科、贤良方正科、直言极谏科又皆第一。主考官礼部侍郎于邵赞叹道："不十五年，当掌诏令。"果然不出其所料，贞元三年（787年）被封为太常博士，迁礼部员外郎，贞元七年又被封为知制诰。崔元翰比较喜欢独来独往，有点儿不合群，又由于他生性刚烈，不为世所容。所以，他当知制诰不到两年即被降职，不久病故。

更值得一提的是，他的弟弟崔敖和崔备也和他同取进士科，兄弟三人名列一榜前茅，传为一时佳话。

卧薪尝胆

春秋时期，吴越两个邻国交战不断。公元前496年，吴王阖闾派兵攻打越国，被越国打得大败，并且他本人也被越军射伤。

阖闾临死前，嘱咐他的儿子夫差说："一定不要忘记仇恨。"

两年以后，越王勾践听说吴王夫差日夜操练兵马，要向越国报仇，便想先发制人，趁吴国没有发兵之前，先攻打吴国。范蠡谏阻说："主上切勿盲目行事，发动战争是违反道义的事，武力争斗是处理政事的下策。违反道义，喜欢动用武力，是不会得到什么好处的。"

勾践武断地说："我已经决定了，不必再说了。"于是发兵攻打吴国，吴国举国抗击越国的进攻，大败越军。后来，勾践和他剩下的五千兵众退守于会稽山，被吴军团团包围。

越王勾践悔恨交加，对范蠡说道："我因为不听您的劝阻，落到今天这步田地，不知如何是好。"范蠡建议说："我们派人去向吴国赔礼道歉，送去厚礼，请求讲和。如果他们答应，我们也许还有机会。"

越国便派大夫文种到吴国去请和。听了文种一番情真意切的表白，吴王有些动心，想要同意讲和，但伍子胥力劝吴王不要答应，

而应该一举灭掉越国。

　　勾践见求和不成，便打算豁出去，与吴国人以死相拼。文种阻止勾践这样做，并说："那吴国的太宰，为人贪财好色，可以用重利诱使他替我们说话。"

　　勾践让文种秘密地给太宰送去美女和宝物，太宰果然收下了。虽然伍子胥一再坚持灭越的主张，但因太宰在吴王面前多方替越国说好话，吴王终于撤兵回国。

　　越国虽然避免了一场灭顶之灾，但越王仍不忘战败之辱。勾践回国以后，日夜焦思苦想。为了磨砺自己报仇复国的意志，他放弃了安逸的生活。他睡在柴草上，在座前悬挂着一个苦胆，起身时都要抬头看看苦胆，饮食之前都要尝尝胆汁的苦味。每次尝到苦味的时候，还要大声对自己说："勾践！你忘了会稽战败的耻辱了吗？"

　　与此同时，勾践亲自种田，夫人织布，衣食极为简朴。他礼贤下士，关心百姓疾苦，重用大夫文种，将全国政事托付给他管理。

　　经过十年的休养和整顿，勾践见时机已经成熟，便出兵伐吴，一举打败了吴国，报了以前的仇。

选择成语，把正确选项填在括号里。

1 和"百年树人"连在一起用的是（　　　）。
　　A.十年寒窗　　　　B.十年树木

2 和"生龙活虎"意思相近的是（　　　）。
　　A.生气勃勃　　　　B.虎啸龙吟

3 和"民不聊生"意思相反的是（　　　）。
　　A.居安思危　　　　B.安居乐业

成语接龙

CHENGYU JIELONG

老泪纵横	横眉怒目
目中无人	人面桃花
花红柳绿	绿叶成阴
阴谋诡计	计日程功
功成不居	居功自傲
傲然屹立	立功赎罪
罪魁祸首	首尾呼应
应答如流	流年不利

成语释义

老泪纵横 纵横：交错。形容年老的人悲伤哭泣、泪流满面的样子。

横眉怒目 耸起眉毛，瞪大眼睛。形容怒视的样子。

目中无人 眼里没有别人。形容狂妄自大或看不起人。

人面桃花 指代思念爱慕的女子。也形容女子容貌如桃花般妖艳。

花红柳绿 形容明媚的春天景象。也形容颜色鲜艳纷繁。

绿叶成阴 指绿叶繁茂，覆盖成荫。

阴谋诡计 诡：欺诈，奸猾。指暗地里策划的害人的主意。

计日程功 计：计算。程：估量，考核。功：成效。工作进度或成效可以按日计算。形容进展快，有把握按时完成。

功成不居 居：承当，占有。原意是任其自然存在，不去占为己有。后形容立了功而不把功劳归于自己。

居功自傲 居功：自恃有功，以功臣自居。自以为有功劳而骄傲自大，目空一切。

傲然屹立 傲然：不屈服的样子。屹立：稳固地直立。不屈服地直立着。形容态度坚定，毫不动摇。

立功赎罪 赎罪：抵消所犯的罪过。以立功来抵偿罪过。

罪魁祸首 罪：犯罪。魁、首：头目。作恶犯罪的头目，也指灾祸的主要原因。

首尾相应 头和尾相互接应。指作战时军队各部相互接应。也形容诗文结构严谨，前后相应。

应答如流 对答像流水一样。形容对答敏捷流利。

流年不利 流年：旧时算命看相的人称一年中所行之"运"。利：吉利。指运气处于不吉利的状态。

人面桃花

　　崔护，博陵（今河北定州）人，容貌、品行都好，性情清高孤傲，喜欢独来独往。有一年，他去京城长安参加进士考试未考中，心情郁闷，难以开解。

　　这一年的春天，正逢一个难得的晴天。屋外桃红柳绿，春意袭人。他独自一人漫游京城南郊，赏春解闷。一路上杨柳花飞，莺歌燕舞，气候宜人，他的心境顿时豁然开朗。走在途中，他无意间发现一片桃花林后面有座庄园，一亩地大的院墙里花草树木丛生。微风吹来，清香绕人，园中寂静无声。他上前去敲门，敲了很久，有位清雅脱俗的妙龄少女从门缝中偷看他，问道："请问是谁啊？"崔护报上自己的姓名，又说："我独自一人游赏春景，不觉口渴，求杯水喝。"少女进屋，托着茶杯从厨房走出来，轻轻打开院门。她落落大方地走向崔护把水杯递给他，放把椅子请他坐下。少女独自站在桃树下，秋波盈盈，含而不露。她的姿态妩媚从容，让人不觉心生爱怜。崔护用话逗她，她含羞不回答。彼此目光交汇许久后才分开。崔护起身告辞，她恋恋不舍地送到院门前，倚在院门上默默地目送他渐渐走远。崔护不时地回头张望，依依不舍地离去。

　　时光如梭，转眼到了第二年的春天。崔护望着城中盛开的桃花，不由地触景生情，回忆起去年春天的城南旧事，忽然怀念起那个眉目含情的女子。他无法压抑内心炽热的情感，怀着兴奋急切的心情，一路快行来到城南桃花掩映的庄园前。只见一切如故，但院门上静静地挂着一把铜锁。崔护呼唤几声，没人应答。他怅然若失，在院门上题诗一首：

　　去年今日此门中，

　　人面桃花相映红。

　　人面不知何处去，

桃花依旧笑春风。

之后，又待了片刻，无奈地离开了。

过了几日，崔护放心不下那位少女，寝食难安，于是又前去寻找。走到庄园前，他听见院里传出阵阵哭声，就赶紧跑去敲门询问原因。有位白发苍苍的老人走出来，抑制着内心的悲痛问道："你是崔护吗？"崔护点头回答。老汉哭着说："你害了我女儿。"崔护很吃惊，连忙问其中原因。老汉说："我女儿刚成年，知书达理，尚未许配人家。自从去年见了你，她整日牵肠挂肚，朝思暮想，若有所失。前几天她和我出门，回来看到你在院门上题的诗。读完诗，以为今生和你无缘再见，就一病不起。我已老迈，膝下只有一个女儿，她要找个君子做她夫婿，好让我们有所依靠。现在我女儿病得不省人事，难道不是你杀了她吗？"

老汉拉住崔护大哭起来。

崔护悲恸不已，他请求进屋见少女。只见少女衣冠整齐地躺在床上，依旧姿态端庄，仪容如生，只是双目紧锁，似不省人事，他赶紧扶起她的头，哭着说："我在这里！我在这里！"崔护哭了半天，女子睁开了眼，见到心上人就在眼前，终于活了过来。老汉十分高兴，就把女儿嫁给了崔护。

居功自傲

公元前124年卫青四征匈奴，大败右贤王凯旋入塞，刘彻封他为大将军，增加封邑，又一并封他的三个儿子为侯，卫青坚决推辞说："我侥幸能在军中任职，仰赖陛下神灵取胜疆场，都是各校尉力战之功，您已增加了我的封邑，我的儿子还很小，又没有功劳，您垂恩对他们封侯，与微臣勉励将士力战的本意不合，三个儿子不敢受封！"卫青对来自刘彻的信任和重用表达了感激，对属下将士的战功作了充分肯定，他拒绝儿子们的侯位之封，其真正的用心是想给随自己作战的部属争取到应得的赏封。卫青的意思是：儿子无功受封，而部属们有功无封，他自己以后将无法勉励将士们

杀敌立功。卫青宁愿将儿子们所受的侯位换给相关的部属，但要求刘彻加封给部属的话不好说出，只好以拒绝儿子们受封来表达。卫青已提出儿子们无功不该封侯的问题，且对部属的战功也作了肯定，儿子的侯位若被退回，究竟该授何人，他以为刘彻自然会心中明白。充分考虑到部属的利益并为其请封，又绝不强求和冒犯君主，这就是卫青的心性和性格。

听了卫青对儿子们受封的辞绝，刘彻当即表示说："我并非忘记了各位校尉之功，本来也是要封他们的。"他召来御史下诏，一口气封了卫青手下的十位将官为侯，除本次出征的公孙贺、李沮、李蔡等将官，以前曾随卫青多次出征过的公孙敖也一并受封，卫青为部属请封的目的遂如愿以偿。

在空白的地方补上字，连上这条龙。

对 □ 当 □ 功 颂 □
成　　　　　　　高
双　　　　　　　望
□　　　　　　　□
无　　　　　　　于
大　　　　　　　泰
□ 不 生 □ 水 高 □

成语接龙

CHENGYU JIELONG

利欲熏**心**	**心**术不**正**
正中下**怀**	**怀**真抱**素**
素不相**识**	**识**微知**著**
著书立**说**	**说**一不**二**
二龙戏**珠**	**珠**光宝**气**
气充志**骄**	**骄**兵必**败**
败国丧**家**	**家**破人**亡**
亡国之**音**	**音**信杳**无**

成语释义

利欲熏心 利：名利。欲：欲望。熏：熏染。贪财图利的欲望迷住了心窍。

心术不正 指心思不忠厚，不正派。

正中下怀 正合自己的心意。

怀真抱素 真：纯真。素：质朴的本色。指人格和品德纯洁高尚，质朴无华。亦作"怀质抱真"。

素不相识 素：平素，向来。向来不认识。

识微知著 看到事物的苗头而能察知它的发展趋向或问题的实质。

著书立说 立：创立，提出。说：学说。从事著述，创立自己的主张和学说。

说一不二 说怎么样就怎么样。形容说话算数。

二龙戏珠 两条龙相对，戏玩着一颗宝珠。

珠光宝气 珍珠、宝石闪烁光芒。形容妇女服饰华贵富丽，闪耀着珍宝的光色。

气充志骄 指心满意得，骄傲自大。

骄兵必败 骄兵：恃强轻敌的军队。恃强轻敌的军队必定打败仗。泛指骄傲轻敌必然失败。

败国丧家 使国家沦亡，家庭败落。

家破人亡 家庭遭破坏，亲人死亡。

亡国之音 原指国家灭亡时表露悲哀愁思的音乐，后多指颓靡淫荡的音乐。

音信杳无 没有一点儿消息。

二龙戏珠

龙，是古代传说中的两栖动物，它产生于华夏图腾文化，远古的三皇五帝均以龙作为图腾。珠，即珍珠、夜明珠，龙珠可避水与火，是吉祥的象征，民间喜欢在佳节庆典时举办舞龙表演以示庆贺。舞时由一人持彩珠（也叫彩球）与双龙戏舞，称"二龙戏珠"或"双龙戏珠"。这一舞龙形式及以后出现的舞龙绘画图案，都是由一个民间故事引申而来的。

相传，天池山中有个深潭，有两条青龙在此修炼，它们关心附近百姓的疾苦，时常行风播雨，使百姓们过着衣食无忧的太平日子，两条龙也备受人们的爱戴。天池潭也是天宫仙女们洗澡的地方，每当月洁风清时，仙女们就到这里洗澡嬉戏。一次，仙女们在池中正洗得尽兴，一个浑身长毛的怪物猛扑过来，众仙女高呼求救。两条青龙听到呼救声，立即披甲持械奔向天池潭，见是一只熊怪正在撒野，二龙齐心英勇奋战，熊怪战败被擒。

众仙女把青龙搭救之事，告诉给了王母娘娘。王母一时善心大发，从宝葫芦里取出一颗金珠，给青龙送去，助它们早日修炼成功。金珠只有一颗，它们谁也不想独吞下去，你让给我，我推给你。推来让去，一颗金珠在二龙之间蹿上跳下，金光闪闪。时间一长，此事惊动了玉皇大帝，忙派太白金星下凡查看。

太白金星视察后，把两条青龙潜心修炼，还有他们心地善良、讲义气的品德对玉帝汇报了一遍。玉帝也深受感动，便又取出一颗金珠给青龙送去。于是，它们各吞下一颗金珠，都成了掌管百姓命运的天神。

骄兵必败

汉朝时，汉朝的军队经常在边境地区和匈奴的军队发生战争。在公元前68年，又发生了一次战争。汉军夺下了车师，匈奴便派骑兵袭击车师。

听到这个消息，汉宣帝赶忙召集群臣商量对策。在群臣中有两种意见：将军赵充国主张攻打匈奴，使他们不再骚扰西域；而丞相魏丞则不以为然，他对汉宣帝说："近年来匈奴并没有侵犯我们的边境，这一次怎能为了一个小小的车师去攻打匈奴呢？况且，我们国内还有许多事情要做，不但有天灾还有人祸。官吏需要治理，违法乱纪的事情也在增多。现在摆在眼前的事情不是去攻打匈奴，而是整顿朝政，治理官吏，这才是大事啊。"

接着，魏丞又指出了攻打匈奴的错误主张："如果我们出兵的话，即使是打了胜仗，也会后患无穷。仗着国大人多而出兵攻打别人，炫耀武力，这样的军队就是骄横的军队。而骄横的军队一定会灭亡。"

汉宣帝认为魏丞说的有道理，便采纳了他的意见。

请在每个方阵的空格里填入同一个动物名称。

打草惊（　）　　　　　（　）视眈眈

杯弓（　）影　　　　　骑（　）难下

画（　）添足　　　　　龙腾（　）跃

（　）蝎心肠　　　　　敲山震（　）

成语接龙

CHENGYU JIELONG

无微不至　　　至善至美

美玉无瑕　　　瑕瑜互见

见仁见智　　智者千虑，必有一失

失之交臂　　　臂有四肘

肘腋之患　　　患难与共

共商国是　　　是非分明

明珠暗投　　　投石下井

井底之蛙

成语释义

无微不至 无：没有。微：微细。至：到。没有一处细微的地方照顾不到。形容关怀、照顾得非常细心周到。

至善至美 至：最。最完善，最美好。

美玉无瑕 瑕：玉斑。美玉上面没有一点小斑。比喻人或事物完美得无缺点。

瑕瑜互见 见：通"现"，显现。比喻优点、缺点都有。

见仁见智 对同一个问题，不同的人从不同的立场或角度出发，有不同的看法。

智者千虑，必有一失 不管多聪明的人，虽反复考虑，也会出现个别错误。

失之交臂 交臂：胳膊碰胳膊。指一路走，擦肩而过。形容当面错失了机会。

臂有四肘 比喻不凡的相貌。

肘腋之患 肘腋：胳膊肘儿和胳肢窝，比喻极接近的地方。指产生于身旁的祸患。

患难与共 指在不利的处境中共同承担危险和困难。

共商国是 国是：国家大计。共同商量国家的政策和方针。

是非分明 正确与错误非常分明。

明珠暗投 原意是明亮的珍珠，暗里投在路上，使人看了都很惊奇。比喻有才能的人得不到重视或误入歧途。也比喻好东西落入不识货人的手里，得不到珍惜。

投石下井 比喻乘人之危加以陷害。

井底之蛙 比喻见识短浅，思路狭窄的人。

智者千虑，必有一失

　　楚汉相争时期，汉王刘邦派韩信带领一部分人马向东进攻赵国。赵王听说后，与成安军陈余把军队聚在井陉山口，准备迎敌。赵王的参谋李左车献计道："井陉这地方，不能容两车并行，也容不下列队的骑兵。汉军的后勤部队一定跟在后面。如果让我带兵抄小路截断他们的辎重，不出十天，他们必然败走。"这本是很好的计策，但是赵王和陈余没有采纳。韩信探听到这个消息，心中大喜，同时暗暗佩服李左车的才华。于是他悬赏千金，要求活捉李左车。

　　不久，韩信大败赵军。赵王被俘，陈余阵亡，李左车被汉军生擒。他被押至韩信帐内，韩信连忙为他松绑，十分客气地向他请教："我打算向北攻打燕国，向东讨伐齐国，用什么办法才能成功呢？"李左车起先不愿意多谈，说："我只是一个吃了败仗的俘虏，哪有资格论及这样的事情。"韩信急忙说："赵军失败，是因为赵王没有听取你的计谋。如果他按照你的话做，恐怕我就要成为你们的俘虏了。今天我是诚心诚意地想听听你的高见，请你不要推辞了。"李左车这才直言道："你从关中出兵，渡过黄河向东，先灭魏，再灭赵，名闻海内，威震天下——这是你目前的优势。然而现在你的兵士已相当疲乏，如果急于攻燕，万一不能很快取胜，时间拖久了，齐国必定作好了充分准备，那时，你的弱点就不免要暴露出来。善于用兵的将军，总是发挥自己的优势而利用对方的弱点，你不如先在这里休整军队，一面大造攻燕的声势，一面派一个极有口才的人，带着你的信去见燕王，故意显示汉军的强大，逼燕王投降，这样，齐王也就容易对付了。"韩信一听，连声称妙，李左车谦虚地说："我听人说过：智者千虑，必有一失；愚者千虑，必有一得。我的建议未必全部可取，供您参考吧。"韩信按李左车的建议行事，果然获得了成功。

井底之蛙

一口水井里住着一只青蛙，它以为天只有井口那么大，海也比井小。一天，青蛙在井边碰见一只从东海来的大鳖。

青蛙便对海鳖说："你看，我住在这里多么快乐呀！高兴的时候就在井栏边上跳跃，累了就到井壁石洞里休息，有时把身子舒服地泡在水里，有时愉快地在稀泥中散步。而你为什么不到井中来观赏游玩呢？"

海鳖听青蛙这么一说，就想到井中去看看。可是，它的左脚还没有完全踏进去，右脚就被井栏绊住了。它只好退了出来，把大海的情景告诉给青蛙："你见过大海吗？海的广大，岂止千里；海的深度，何止千丈。海域宽广，一望无边，大海是不受旱涝影响的。住在广阔的大海里才真正快乐呀！"

青蛙听了海鳖对大海的叙述，才知道世界太大了，自己的见识太短浅了。

填成语，学名言。

天马行（ ）　　下（ ）为（ ）　　（ ）法无天
难（ ）可（ ）　　事出有（ ）　　只（ ）片语
（ ）软（ ）硬　　有备无（ ）　　人（ ）人海

成语接龙

蛙鸣蚓叫　　叫苦连天

天高地厚　　厚德载物

物极必反　　反败为胜

胜败乃兵家常事　　事在必行

行有余力　　力透纸背

背信弃义　　义重恩深

深入浅出　　出乖露丑

丑态百出　　出头露面

成语释义

蛙鸣蚓叫 青蛙与蚯蚓的鸣叫。比喻浅陋的见识或议论。

叫苦连天 大声连连叫苦。形容苦恼至极而诉苦不已。

天高地厚 原形容天地的广大，后形容恩德极深厚。也比喻事情的艰巨、严重或关系的重大。

厚德载物 厚德：大德。指以宽厚之德包容万物或以德育人。

物极必反 极：顶点。反：向反面转化。事物发展到极点，必然会向相反方向转化。

反败为胜 扭转战局，由失败变为胜利。

胜败乃兵家常事 胜利或失败是用兵的人常有的事。

事在必行 事情一定要做。表示事情已经是非做不可。

行有余力 行：做，实施。做好应做的事情后，还有多余的精力。

力透纸背 形容书法、绘画刚劲有力,笔锋简直要透到纸张背面。也形容诗文立意深刻。

背信弃义 背:违背。信:信用。弃:丢弃。义:道义。违背信用,丢弃道义。

义重恩深 情义、恩惠极为深重。

深入浅出 指言论内容或文章的内容深刻而表达得却浅显易懂。

出乖露丑 乖:谬误。指在人前出丑。

丑态百出 丑态:令人厌恶的举动或样子。各种丑恶的举动和样子都表现了出来。

出头露面 显露出来。指在公开场合出现。也指显露头角,出人头地。

物极必反

《鹖冠子·环流》一文中有"物极则反，命曰环流"之句，下面的故事，也表达了类似的意思。

唐朝时，武则天最初为太宗的才人。太宗死后，高宗即位，封武则天为皇后。高宗死后，中宗不善于处理国事，于是她临朝听政。

当时大臣苏安恒上了一篇奏疏，谏劝武则天，其中有一段说："皇上现在年纪已大，也懂事了，而您也不能为了贪图宝座而忘记了母子情深。时间不能让您拖延下去了，我认为上天的意思和百姓们心里都是倾向李氏的。您现在虽然还安稳地坐在皇位上，但总要知道物极必反，器满则盈呀！我不惜冒生命危险向您劝谏，也不过是为唐朝的天下着想。"

武则天根本不听他的规劝，依然把持朝政，自以为是，但到老年时，遭到了众人反对，被迫让位。

力透纸背

中国历史上有两个人，他们既是书法家，也是著名的将领，一个是唐朝的颜真卿，一个是南宋的陆游。

颜真卿生活在唐朝安史之乱的时代，由于在抗击安史叛军中立了大功，唐代宗便封他为鲁郡公。所以，人们又称他颜鲁公。在唐德宗时，因为不肯向叛军投降，在叛军的威逼下自杀了。

颜真卿不仅有着刚强的性格，他写的字也雄浑刚健、挺拔有力，文章

也写得很深刻。当时的人们都说：当其用锋，常欲使其透过纸背，此成功之极也！意思是说颜真卿写的字遒劲有力。

南宋时，也有一位像颜真卿这样的人，他就是陆游。陆游是南宋著名的爱国诗人，越州山阴（今浙江绍兴）人。陆游二十岁就定下了"上马击狂胡，下马草军书"的报国壮志。

陆游一生渴望收复失地、统一祖国的强烈愿望，始终没有实现。他只有用诗歌来表达他对祖国的热爱和对民族的忧虑。他一生辛勤创作，一共留下了九千多首诗。在我国历代诗人中，他的创作是最丰富的。他的诗既有抒发政治抱负的，也有反映人们疾苦，批判当时统治集团屈辱求和的，其中《关山月》《书愤》《农家叹》《示儿》等篇均为后世所传颂。他书写日常生活的诗也有不少清新之作。明代文学家杨慎说陆游的诗"其纤丽处似秦观，雄慨处似苏轼"；清代诗人赵翼说陆游的诗"意在笔先，力透纸背"。他在写诗之前，构思精审，所写出来的东西，语句精炼，力透纸背。

"力透纸背"这句成语，后来就常用来形容诗文立意深刻，造句精炼，也用来说书法刚劲有力。

对号入座。

一字千金　神采飞扬　下笔成章

1. 爸爸讲起他当兵的经历来总是滔滔不绝、＿＿＿＿＿＿＿＿＿＿＿＿＿＿＿＿＿。

2. 这学生天资聪颖，文思敏捷，＿＿＿＿＿＿＿，将来未可限量。

3. 王羲之的书法真迹真是＿＿＿＿＿＿＿，在拍卖会上竟拍出了几百万的天价。

成语接龙

面红耳赤	赤子之心
心平气和	和衷共济
济世救人	人尽其才
才华横溢	溢美之词
词不达意	意在笔先
先人后己	己所不欲，勿施于人
人来人往	往返徒劳
劳苦功高	

成语释义

面红耳赤 耳朵和脸都发红的样子。形容因激动、羞愧、用力等而脸色发红的样子。

赤子之心 赤子：初生的婴儿。比喻纯洁善良的心地。

心平气和 心情平静，态度温和。指不急躁，不生气，态度和蔼。

和衷共济 衷：内心。济：渡。大家一条心，共同渡过江河。比喻同心协力，克服困难。

济世救人 济：拯救。拯治时世，救济人民。

人尽其才 每个人都可以充分发挥自己的才华与能力。

才华横溢 才华：出色的聪明才智。横溢：处处显露。指才华处处显露出来。

溢美之词 溢：水满外溢，引申为过分。指过分夸奖的话语。

词不达意 说话或写文章时，使用的词句不能确切地表达意思和感情。

意在笔先 指在动笔之前，先构思成熟，然后动笔。

先人后己 首先考虑别人，然后想到自己。

己所不欲，勿施于人 自己不愿意的，不要施加给别人。

人来人往 人来来往往，连续不断。也指忙于应酬。

往返徒劳 徒劳：白花力气。来回白跑。

劳苦功高 出了很多力，吃了很多苦，立下了很大的功劳。

己所不欲，勿施于人

　　"己所不欲，勿施于人"出于《论语·颜渊》，是儒家的思想精华。它教导我们：要善于站在他人的立场上思考问题，自己不想做的事情，也不要强加于别人。

　　清朝康熙年间有一位大学士，名叫张英。一天，张英收到一封家信，说家人为了争三尺宽的宅基地，与邻居发生纠纷，要他利用职权，疏通关系，打赢这场官司。张英阅信后，坦然一笑，挥笔写了一封回信，并附上一首诗："千里修书只为墙，让他三尺有何妨？长城万里今犹在，不见当年秦始皇。"家人接信后，让出了三尺宅基地。邻居见了，也主动让出三尺宅基地，结果形成了"六尺巷"。这个化干戈为玉帛的故事也流传至今，成为一段美谈。

　　还有一个小故事也能充分体现"己所不欲，勿施于人"的道德精神。

　　一个暴风雨过后的早上，一位老人在海边看到许许多多的鱼被抛到了沙滩上。老人想到太阳一晒，这些鱼都会死，叹息一声朝前走了。返回时，却见一个七八岁的男孩在把鱼捡回海里。老人很是感动，便也弯腰帮助小男孩。老人对小男孩说："你救了这些鱼，谁也不知道，谁也不会在乎的。"男孩却说："小鱼在乎。"

　　从张英写家书的故事中，我们不难看出，将心比心善于为他人着想，是人与人沟通、交流的重要方式。当你学会用自己的心灵去体会别人，己所不欲勿施于人，别人也一定会回报于你最真诚的笑容。而从小男孩救鱼的故事中，我们更能体会到关心他人、尊重他人、理解他人是"己所不欲，勿施于人"的实质所在。只要我们时时站在他人的角度思考问题，体会他人的情感世界，我们就能融洽地，友善地与人相处。

成语接龙

CHENGYU JIELONG

高山流水	水中捞月
月淡风清	清闲自在
在所难免	免开尊口
口是心非	非亲非故
故地重游	游手好闲
闲言碎语	语不惊人死不休
休养生息	息息相通
通情达理	理所应当

成语释义

高山流水 比喻知己或知音。也指美妙动听的乐曲。

水中捞月 到水中去捞月亮。比喻去做根本做不到的事情，只能白费力气。

月淡风清 月色朦胧，微风清爽。

清闲自在 清静空闲，自由自在。形容生活安闲舒适。

在所难免 在所：指处在某种情况之下。指由于某种情况而难以避免。

免开尊口 尊：敬辞，用于称呼对方。请对方不要开口说什么。

口是心非 嘴里说的是一套，心里想的却是另一套。指心口不一致。

非亲非故 故：老友。不是亲属，也不是老朋友。表示彼此没有什么关系。

故地重游 重新回到曾经去过或居住过的地方。

游手好闲 指懒散成性，好逸恶劳。

闲言碎语 闲：与正事无关的。指与正事无关的话。也指不满意或无根据的话。

语不惊人死不休 语句不令人震惊决不罢休。指在语言运用上力求脱俗超凡，令人耳目一新。

休养生息 休养：休息调养。生息：繁殖人口。指在战争或社会大动荡之后，减轻人民负担，安定生活，恢复元气。也泛指休息调养，恢复生机。

息息相通 一呼一吸相互关联。形容彼此的关系非常密切。

通情达理 通晓人情事理。指说话做事很合情合理。

理所应当 同"理所当然"。指从道理上说应该这样。

高山流水

伯牙是春秋时期著名的音乐家。他从小就喜爱音乐,年轻的时候跟着当时最有名望的琴师成连学弹琴。

伯牙跟着师傅学了三年,弹琴的技艺已经非常高超了,但他觉得还没有达到随心所欲的地步,作出的曲子也不能尽情抒发自己的思想感情,于是就继续跟着成连学习。

有一次,伯牙想作一首描写海上风暴的曲子,想了好几天,作出的曲子总觉得不能称心如意,他就去请教他的老师成连。成连对伯牙说:"我有个老师擅长作曲,住在东海的蓬莱山上,我们去向他请教吧。"

成连把伯牙带到蓬莱山上,让伯牙在海边等着,自己借口去找老师,驾船走了。伯牙在海边等了许久,也不见老师的影子,正在他焦急的时候,忽然天刮起了大风,大海上波涛汹涌掀起了滔天大浪,扑向岸边,拍打着山崖。山崖上的松树也在风中呼啸,风声、涛声、松树的呼啸声交织在一起,汇成了一首雄壮激昂的乐曲声。伯牙突然觉得自己的灵感被触动了,赶忙摆好琴,忘情地弹了起来。就这样,他终于创作出了一首描写海上风暴的美妙乐曲。

过了一会儿,大海上又恢复了平静。这时,成连老师出现了,伯牙这时才明白老师带他到海边来的用意。成连说:"大自然是我们最好的老师啊!"

从此,伯牙的音乐水平又

上了一个台阶，达到了非常高的境界。有一次，伯牙正在弹琴，他的好友钟子期来了。钟子期是一位极有造诣的音乐鉴赏家，任何乐曲，他一听就知道乐曲表达的是什么内容。这一天，伯牙弹奏的是他新创作的《高山流水》，当琴声高扬激越时，钟子期就说："真妙啊！气势磅礴，像挺拔雄伟的泰山！"当琴声悠扬舒缓时，钟子期又说："太美了！就像烟波浩渺的江河流水！"伯牙听了，非常激动，对钟子期说："你真是我的知音啊！"

水中捞月

从前有个伽师国，它有一座名叫波罗奈的城市。在这个城市的郊外，有个人迹罕至的森林，森林中有几百只猴子在那儿生活。

一天晚上，领头的大猴子看见空中挂着一个圆圆的月亮，就想把它摘下来。大猴子一声呼哨，一群猴子就跟着它跑到了一个最高的山峰上。它们一个叠一个地搭成一座"猴梯"，最小的猴子爬上顶端去摘月亮，它拼命地往前抓，"猴梯"摇摇晃晃地失去了平衡，终于"散架"了，有的猴子落在树上，有的猴子掉进草丛里，有的猴子跌入井水中。

这时，两只掉进井水里的小猴爬了上来，一回头，看见月亮在井里。它俩非常高兴，赶紧呼喊起来："月亮在井里，我们去井里捞月亮吧！"大猴子听到它俩的喊声，匆匆跑过来，一看，井里果然有个月亮。于是，大猴子一声呼哨，又把群猴集合起来。因为水离井面很远，猴子们只好一个拉着另一个的尾巴，拉成一长串挂到水面。它们还找来了葫芦瓢，传给最下面那只小猴。它盛了一瓢水，就把"月亮"捞到了瓢中。群猴兴高采烈，围着"月亮"跳舞。一只贪心的小猴抢走了"月亮"，于是你争我夺，把一瓢水泼在地上，"月亮"没有了。

群猴四处寻找，抬头一看，月亮依旧挂在空中。它们面面相觑，困惑不解，纷纷说："被捞上来的月亮怎么又回到天上了呢？"

参考答案

P21 连环成语

强词夺（理）屈词（穷）寇莫（追）本溯（源）远流长
花言巧（语）重心（长）年累（月）下老（人）言可畏
调虎离（山）穷水（尽）心尽（力）透纸（背）信弃义
名列前（茅）塞顿（开）源节（流）言蜚（语）重心长

P31 给下面的句子搭配合适的成语。

被弓箭吓怕了的鸟 —— 不计其数
无法计算数目 —— 惊弓之鸟
安定愉快地生活和劳动 —— 各抒己见
每个人都充分发表自己的意见 —— 安居乐业

P37 把下列成语填完整。

大（喜）过望　（悲）天悯人　诚惶诚（恐）
乐极生（悲）　勃然大（怒）　（喜）出望外
心（惊）肉跳　（怒）不可遏　（怒）发冲冠
（愁）眉不展　（惊）弓之鸟　（愁）肠百结

P43 把下列成语填完整。

万（象）更新　虎背（熊）腰　千军万（马）
心（猿）意马　对（牛）弹琴　声名（狼）藉
打草惊（蛇）　狼吞（虎）咽　（鸡）毛蒜皮
（鹤）立鸡群　抱头（鼠）窜　一箭双（雕）

P49 有趣的成语"加法"。

（零）敲碎打+（一）丝不苟=（一）箭双雕
（一）鸣惊人+（一）本正经=（两）全其美
（二）龙戏珠+（一）毛不拔=（三）思而行
（三）顾茅庐+（一）步登天=（四）海为家
（四）面楚歌+（一）无所有=（五）花八门

P55 对号入座。

① 旗开得胜　② 恰到好处　③ 千辛万苦　④ 轻描淡写

P61 把下列成语填完整。

（昙）（花）一现　百步穿（杨）　雨后春（笋）
出水（芙）（蓉）　如（花）似玉　望（梅）止渴
成（竹）在胸　（柳）暗花明　十年树（木）

P92 连一连，把下面的动物们放到合适的地方。

（　）目寸光　　　　　　　马
（　）飞蛋打　　　　　　　兔
（　）视眈眈　　　　　　　鸟
（　）语花香　　　　　　　虎
（　）到成功　　　　　　　鼠
（　）死狐悲　　　　　　　鸡

P107 判断：下面哪个"曲"的读音和"歌曲"的"曲"相同？

① √　　② ×　　③ √

P128 补齐成语接龙中所缺的字。

国（破）家（亡）亡（羊）补（牢）牢（不）可（破）破（涕）为（笑）

P134 补成语，看看是否熟悉，你能再讲个成语故事吗？

滥（竽）充（数）　掩（耳）盗（铃）　守（株）待（兔）
完（璧）归（赵）　拔（苗）助（长）　狐（假）虎（威）
（叶）公（好）龙　（愚）公（移）山　（入）木（三）分

P139 选择正确的字义，把正确选项填在括号里。

① A　　② B　　③ A

P145 按要求挑出成语，并填在方框里。

描写焦急不安的：心急如焚　抓耳挠腮　如坐针毡　忐忑不安
描写果断坚决的：誓不罢休　当机立断　斩钉截铁　大刀阔斧

P151 将下列成语补充完整。

非同小（可）歌可（泣）不成（声）泪俱（下）不为（例）行公（事）必躬（亲）密无（间）不容（发）扬光（大）步流（星）罗棋（布）衣之（交）头接（耳）聪目（明）目张（胆）大妄（为）民除（害）群之（马）到成功

P162 按要求挑出成语，并填在方框里。

描写高兴满意的：心花怒放 称心如意 心满意足 喜笑颜开
描写钦佩敬仰的：甘拜下风 奉若神明 肃然起敬 五体投地

P177 填一填。

爱憎分（明）　　明目张（胆）　　胆战心（惊）　　惊慌失（措）
措手不（及）　　及门之（士）　　士别三（日）　　日暮途（穷）

P188 有趣的成语"加法"。

（五）湖四海+（一）触即发=（六）亲不认
（六）神无主+（一）意孤行=（七）零八落
（七）窍生烟+（一）举成名=（八）面玲珑
（八）仙过海+（一）气呵成=（九）牛一毛
（九）霄云外+（一）望无际=（十）万火急

P193 你能把下列成语填完整吗？

亡（羊）补牢　　　（狗）急跳墙　　　如（鱼）得水
惊弓之（鸟）　　　画（龙）点睛　　　兔死（狐）悲
黔（驴）技穷　　　指（鹿）为马　　　守株待（兔）
信笔涂（鸦）　　　（龙）争虎斗　　　鸦（雀）无声

P199 加减乘除填成语。

（两）败俱伤×（四）大皆空=胡说（八）道
（八）面威风+（一）臂之力=（九）霄云外

P204 按要求挑出成语，并填在方框里。

描写眉目容貌的：如花似玉 鹤发童颜 尖嘴猴腮 眉清目秀
描写身材体格的：五大三粗 弱不禁风 亭亭玉立 虎背熊腰

P221 把下面的歇后语用成语补全。

❶ 没安好心　　❷ 异想天开　　❸ 一触即发　　❹ 一举两得

P226 选择最合适的成语填空。

❶ 山穷水尽　　❷ 名落孙山　　❸ 尽人皆知　　❹ 事在人为

P232 把下列成语填完整。

（一）毛（不）拔　　二（三）其（德）　　（三）缄（其）口
四（分）五（裂）　　（五）花（八）门　　六（亲）不（认）
（七）步之（才）　　八（面）威（风）　　（九）牛（一）毛
十（拿）九（稳）　　（百）发（百）中　　千（变）万（化）

P242 试试看，你能不能把这条龙接上？

井蛙之（见）缝插（针）锋相（对）牛弹（琴）棋书（画）地为（牢）不可（破）涕
为（笑）里藏（刀）山火（海）外奇（谈）何容（易）如反（掌）上明（珠）围翠
（绕）梁之（音）容笑（貌）合神（离）群索（居）安思危

P248 "双胞胎"成语。

呼（朋）引伴　　　水落石（出）　　　披荆斩（棘）
（多）（多）益善　　虎视（眈）（眈）　　高（朋）满座
世态（炎）凉　　　（出）生入死　　　（默）（默）无闻

P254 填填成语，看看你发现了什么规律？

名（落）孙（山）　　山（穷）水（尽）　　尽（人）皆（知）　　知（行）合（一）

P266 意思相近的打"√"，不同的打"×"。

❶ ×　　　❷ √　　　❸ ×　　　❹ ×

P282 选择成语，把正确选项填在括号里。

❶ B　　❷ A　　❸ B

P288 在空白的地方补上字，连上这条龙。

对	酒	当	歌	功	颂	德
成						高
双						望
成						重
无						于
大						泰
老	不	生	长	水	高	山

P293 请在每个方阵的空格里填入同一个动物名称。

打草惊（蛇）　　（虎）视眈眈

杯弓（蛇）影　骑（虎）难下

画（蛇）添足　龙腾（虎）跃

（蛇）蝎心肠　敲山震（虎）

P298 填成语，学名言。

天马行（空）　　　下（不）为（例）　　（无）法无天

难（能）可（贵）　　事出有（因）　　　只（言）片语

（欺）软（怕）硬　　有备无（患）　人（山）人海

P303 对号入座。

❶ 神采飞扬　　❷ 下笔成章　　❸ 一字千金